FeltrinelliKIDS | saggistica narrata

Massimo
Birattari
TERRORE
a
GRAMMALAND
illustrazioni di
ALLEGRA AGLIARDI
Feltrinelli
KIDS

Prima edizione in "Feltrinelli Kids" marzo 2018

Progetto grafico: Ufficio grafico Feltrinelli
con la collaborazione di Allegra Agliardi

Illustrazioni interne e di copertina:
ALLEGRA AGLIARDI

Stampa Grafica Veneta S.p.A. di Trebaseleghe - PD

ISBN 978-88-07-92292-3

FSC
www.fsc.org
MISTO
Carta
da fonti gestite in
maniera responsabile
FSC® C021883

A tutti gli insegnanti
e soprattutto le insegnanti
che ho incontrato dal vivo
e attraverso questi libri.

ERRORE E TERRORE

Il professor Mangiafuoco è in piedi – immobile, impietrito – davanti alla finestra del suo studio. "È finita, è finita..." mormora, e si nasconde la faccia tra le mani. Quando si volta, i ragazzi riuniti nella stanza hanno il sospetto che stia per scoppiare in lacrime. "Dopo tutti questi anni, dopo tanti sacrifici, proprio quando credevo che Grammaland potesse camminare con le sue gambe... Basta, dovrò chiudere, non c'è altro da fare."

"Ma no, professore, non dica così," quasi grida Leonardo, detto Leo. "Non deve mollare proprio adesso."

"Ce la faremo a resistere," interviene Martina. "La aiuteremo noi."

Mangiafuoco sembra quasi sorridere, poi scuote la testa. "Grazie, ragazzi, ma è inutile, davvero. Ho ingrandito Grammaland, ho assunto nuovi animatori, il pubblico è aumentato anno dopo anno, pareva che tutti volessero sperimentare questo nuovo modo avventuroso di imparare la grammatica, ma avete visto cosa è successo? Questi... questi esseri... questi mostri stanno distruggendo un'attrazione dopo l'altra, i miei animatori scappano terrorizzati, fra poco di Grammaland resterà solo un ammasso di rovine fumanti. Qualcuno vuole spazzarci via e l'Errore scorrazzerà liberamente, nonostante tutti i miei sforzi."

"No che non scorrazzerà!" grida Leo. "E scorrazzare ha due R, perché viene da correre!"

"Bravo Leo," commenta Mangiafuoco, illuminandosi per un attimo. "È consolante vedere ragazzi che riflettono sul significato delle parole e così non sbagliano l'ortografia."

"Appunto!" dice Giulia. "Non deve arrendersi. Non dobbiamo arrenderci! La aiuteremo noi a difendere Grammaland."

"Grazie, ragazzi," risponde Mangiafuoco sospirando. "Ma ho paura che sia troppo tardi. I danni che hanno fatto Smarfonio, Straphalkion e il Temibile Temistocle sono irreparabili. Resistere può essere troppo pericoloso: non voglio che corriate rischi inutili. Rassegniamoci: Grammaland scomparirà."

Un silenzio di tomba cala nello studio di Mangiafuoco. Fuori si sente uno schianto, e una nuvola di polvere si alza oltre la finestra.

"Rassegniamoci si scrive con la I, vero?" chiede Martina.

DUE GIORNI
PRIMA...

1.

TUTTO COMINCIÒ CON UNA GITA SCOLASTICA

"Ci sono due cose che odio a questo mondo," borbotta Leo, seduto al centro dell'ultima fila del pullman. "Una è la grammatica, con tutte quelle regole assurde da imparare a memoria. L'altra sono i parchi dei divertimenti, i luna park, quelle cose lì. E dove ci portano in gita scolastica? In un luna park sulla grammatica!"

"Perché non ti piacciono i parchi dei divertimenti?" gli chiede Marco, il suo compagno di banco, che in fondo alla fila guarda il paesaggio dal finestrino.

"Perché sugli ottovolanti, sugli scivoli, sulle giostre mi viene da vomitare, le altre attrazioni le trovo noiose, e tutte le volte che ci sono andato o pioveva o aveva appena piovuto e mi sono ritrovato coperto di fango fino alle orecchie." In quel momento, un tuono fa vibrare le lamiere del pullman e secchiate d'acqua si rovesciano sui finestrini. Leo alza gli occhi al cielo. "Cosa ti avevo detto?"

"A me i parchi dei divertimenti e i luna park piacciono," dice Marco. "La grammatica molto meno. E questa prof che ha tanto insistito per portarci in gita in questo posto..."

"Be', già una che si chiama Allegra Tormenta..."

"Pensa un po' se uno deve rispondere, quando gli chiedono 'Chi avete di italiano?', 'La Tormenta'..."

"Sì, Tormenta ma è Allegra," continua Leo ridendo.

"Allegra Tormenta di Tempesta e Bufera," dice Martina dal sedile davanti a quello di Marco, mettendo via una piccola macchina fotografica dopo aver scattato alcune foto attraverso il finestrino.

"Eh?" chiedono insieme Leo e Marco.

"Il nome completo. Me l'ha detto mia mamma dopo essere stata al consiglio di classe."

"E che razza di nome sarebbe?" fa Marco.

"Pare che venga da una famiglia di antica nobiltà siciliana. Il padre è il principe di Tempesta e Bufera," spiega Giulia, seduta accanto a Martina.

"Su, smettetela. State scherzando."

"I genitori l'hanno chiamata Allegra per non farla sembrare troppo spaventosa, visto il cognome," continua Martina, serissima. "Però lei ha spiegato a mia madre che si sente una vera Tor-

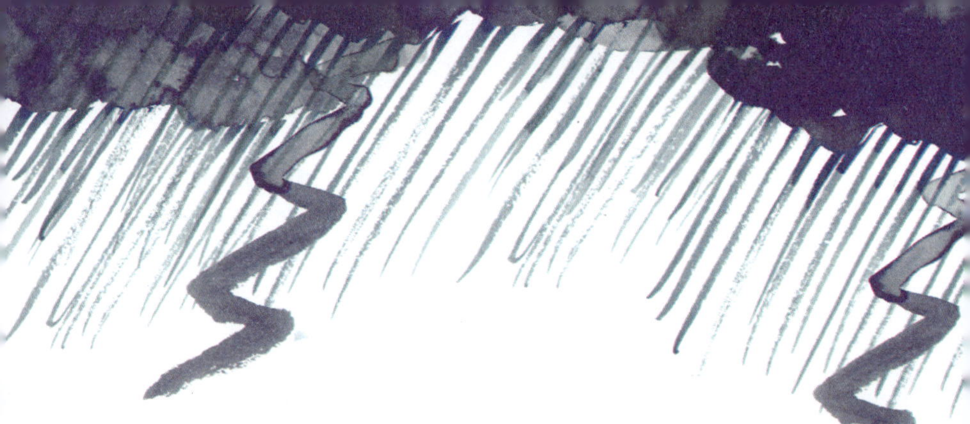

menta di Tempesta e Bufera, nonostante il nome così amichevole."

"E in Sicilia si dice: 'Dove passa un Tormenta di Tempesta e Bufera non cresce più l'erba'. Come Attila, uguale uguale," dice Giulia.

"Basta, smettetela di prendermi in giro," grida Marco esasperato.

"Chi ti prende in giro, Marco?"

I ragazzi alzano gli occhi e si accorgono che la professoressa di italiano è davanti a loro, in piedi nel corridoio del pullman.

"No, vede, professoressa Bufera... cioè Tempesta... anzi volevo dire Tormenta..." Marco è arrossito. Giulia e Martina hanno il sorriso più innocente del mondo. Leo interviene per aiutare il suo compagno di banco.

"Prof, volevamo far credere a Marco che l'altro giorno, quando lui era assente, lei ci aveva avvertiti che chi sbaglia i quiz a Grammaland prenderà quattro in italiano. Ma era uno scherzo, appunto."

"Vedete di non scherzare sui quattro che distribuirò io," dice la prof Tormenta agitando un dito. "Comunque, Marco, l'altro giorno ho spiegato a tutta la classe che questa gita serve a sperimentare il progetto didattico presentato dall'inventore di Grammaland, il professor Furio Mangiafuoco. Qualche anno fa ha aperto il suo parco grammaticale: finora arrivavano, soprattutto d'estate, ragazzi che avevano un po' di problemi in italiano, ma a lui piacerebbe che Grammaland entrasse a far parte dei programmi scolastici e che durante l'anno le scuole ci mandassero le loro classi per una specie di immersione totale nella grammatica. Ecco, ho insistito perché andassimo noi a fare la prova: sono molto interessata a questi nuovi metodi di insegnamento, anche se ho i miei dubbi che possano funzionare davvero. Staremo a vedere."

"E chi giudica se il metodo Grammaland funziona?" chiede Marco. "Lei o noi?"

"Io e anche voi: voi direte se le attrazioni di Grammaland vi sembrano divertenti e interessanti, io giudicherò se servono a imparare meglio la grammatica e l'italiano in generale."

"E se diciamo che va bene...?"

"Anche altre classi partecipano alla sperimentazione. Se alla fine il giudizio sarà positivo, sempre più scuole manderanno gli alunni a Grammaland e magari nasceranno varie Grammaland in tutta Italia."

In quel momento, un nuovo scoppio rimbomba nel pullman. Questa volta però non pare un tuono, anche se continua a diluviare. È un rumore di parti meccaniche che si rompono e sembra provenire dal motore. Infatti la velocità diminuisce all'improvviso, Marco dal finestrino vede le frecce lampeggianti, e il pullman accosta a destra, rallenta sulla corsia d'emergenza e si ferma in una piazzuola.

I ragazzi notano che l'autista fa alcune prove con l'acceleratore, tende l'orecchio, consulta un volume che potrebbe essere il manuale di istruzioni, impugna il telefonino e comincia a parlare di spie rosse che restano accese, spie arancioni che lampeggiano, strani simboli di cui non capisce il significato. La professoressa Tormenta va a controllare cosa succede e dopo una rapida consultazione prende il microfono, accende l'altoparlante e annuncia: "Pare che si sia rotto qualcosa di importante nel motore. Abbiamo richiesto l'intervento di un carro attrezzi: aspettiamo con pazienza".

"Comincia bene questa gita," bofonchia Leo. "Quando dovremo dare il nostro giudizio, io voto contro, garantito."

"Be', almeno aspetta di vedere com'è, questo benedetto luna park grammaticale," gli risponde Martina.

È quasi mezzanotte quando il pullman oltrepassa il cancello sormontato dalla grande scritta

BENVENUTI A GRAMMALAND

ed è troppo buio perché i ragazzi notino l'altra, in caratteri più piccoli:

BE', FORSE "BENVENUTI"
È UNA PAROLA GROSSA

Non è nemmeno lo stesso pullman su cui sono partiti: il guasto si è rivelato più grave del previsto e proprio la necessità di far arrivare un nuovo autobus ha fatto saltare tutti i programmi.

Mentre ognuno va a recuperare la propria valigia, un assonnato impiegato di Grammaland controlla i nomi degli ospiti sulla sua lista e distribuisce le chiavi delle camere.

"Su, andate subito a dormire," dice la professoressa Tormenta trattenendo a stento uno sbadiglio. "Domani ci troviamo alle otto meno un quarto per la colazione. A proposito, dov'è la sala della colazione?" chiede all'impiegato.

"Nella palazzina accanto," risponde lui mettendosi una mano davanti alla bocca e indicando con l'altra un portone.

"Non potremmo..." comincia Marco, ma la sua bocca si spalanca irresistibilmente, deve fare uno sforzo per non sdraiarsi a dormire per terra, "...non potremmo trovarci alle nove, per la colazione?"

"Neanche per sogno," risponde la prof. "Però, vista l'ora... D'accordo, troviamoci alle otto e mezzo. Non un minuto di più, mi raccomando. E adesso filate a letto. Buonanotte!"

2.
IL GRAFFITO MISTERIOSO

La scritta giganteggia sul muro di cinta di fronte all'edificio che ospita le camere dei ragazzi. Spicca sulla parete imbiancata di fresco.

Martina dammi un po d'amore

I ragazzi che verso le otto e mezzo, un po' alla volta, scendono per raggiungere la sala della colazione si fermano stupiti a contemplarla. A mezzanotte, quando il pullman si era fermato proprio davanti a quel muro, la scritta non c'era, ne sono sicuri. Com'è possibile che a Grammaland qualcuno possa mettersi a imbrattare i muri, di notte, e per di più...

"Martina, ho due notizie da darti, una buona e una cattiva," dice Giulia spalancando la finestra e rivolgendosi alla sua compagna di stanza, oltre che di banco. "La buona è che hai un ammiratore. La cattiva è che hai un ammiratore sgrammaticato."

Martina, che si è affacciata anche lei, diventa rossa come un peperone. "Ma... ma... Perché dovrei essere io quella Martina?"

"Non c'è nessun'altra Martina in classe, qui mi pare che ci siamo solo noi, ieri sera quella scritta non c'era..."

"Io non faccio colazione. Anzi non esco dalla stanza. Mi vergogno troppo."

"Be', ti capisco, vedere il tuo nome accanto a un erroraccio di ortografia... Ci penso io!"

Giulia scende di corsa le scale e raggiunge i compagni che osservano il graffito ridacchiando.

"Guardate," dice Leo, "il muro deve essere stato intonacato ieri: ci sono le latte di vernice bianca. E poi il graffitaro innamorato ha lasciato qui anche la vernice rossa."

"Allora fa' una bella cosa," gli propone Giulia. "Correggi la scritta..."

Leo fa cenno di sì con la testa, immerge il pennello nella vernice rossa, poi un lampo gli attraversa lo sguardo e impugna anche il pennello con la vernice bianca. I compagni non vedono bene cosa stia facendo, ma alla fine il risultato è questo:

Martína, dammi un Po d'amore

“Le virgole sono importanti...” commenta Leo soddisfatto. “E se uno corre il rischio di scrivere su un muro, non si accontenterà solo di un po’ d’amore: ne vorrà un fiume in piena.”

“Molto spiritoso,” dice Giulia. “Quindi se ho tanta sete devo dire ‘Dammi un Po di succo di frutta’?”

“No. Se lo scrivi sì, ma se lo dici e basta dovrà essere un Tevere di succo di frutta, un Arno, anzi un Rio delle Amazzoni di succo di frutta. Altrimenti chi ti ascolta te ne darà solo un po’.”

“Chi è l’autore di questo scempio?” tuona una voce. “Chi si è permesso di sporcare un muro appena dipinto?”

La voce appartiene a un uomo con un barbone nero e una massa di capelli neri scompigliati dal vento che ha spazzato via le nuvole del giorno prima. Dev’essere il professor Mangiafuoco, l’inventore di Grammaland, e sembra fuori di sé. Se fosse il personaggio di un cartone animato gli uscirebbe il fumo dalle orecchie.

“Leo, come hai potuto fare una cosa simile?” La prof d’italiano, che è comparsa al fianco di Mangiafuoco, è più stupita che furibonda.

“Be’, sì, professoressa Tormenta, ho fatto lo spiritoso correggendo *po* in *Po* invece che in **po’**, ma era una battuta per mostrare la ricchezza della nostra bella lingua...”

“Non hai scritto tu la frase?” domanda Mangiafuoco, grattandosi la barba.

“Certo che no! Le sembro il tipo che va in giro di notte a imbrattare muri?”

La professoressa Tormenta si sistema il tailleur grigio e la spilla che le ferma il foulard di seta. “Conosco i miei alunni da poco più di un mese, ma sono sicura che nessuno farebbe cose del genere,” borbotta.

Il professor Mangiafuoco si guarda intorno perplesso. "Quindi mi garantite che nessuno dei ragazzi della II D può aver fatto questo obbrobrio?" chiede. Ha un'aria ancora più sconvolta di prima.

"Sì, garantisco io per loro," conferma la professoressa Tormenta.

"Allora... allora..." riprende Mangiafuoco, titubante, incredulo. "Allora vuol dire che qualcuno, dall'esterno, è entrato stanotte a Grammaland e ha compiuto questo... questo inqualificabile atto di vandalismo. Qualcuno che non vuole bene a Grammaland, e probabilmente nemmeno alla grammatica."

"Su, professore, non si agiti per così poco," interviene Giulia. "Sarebbe stato un atto molto più vandalico se avesse scritto *pò* con l'accento."

Dalla finestra, Martina ha assistito a tutta la scena. Non ha ancora deciso se scenderà a fare colazione. Le girano per la testa alcune domande a cui non sa rispondere. Sarà proprio lei la Martina del graffito? E se non è stato nessuno dei suoi compagni, chi può essere venuto da fuori a tormentarla fin dentro Grammaland?

3.

UNA PORTA A FORMA DI H

Subito dopo colazione, i ragazzi della II D, accompagnati dalla professoressa Tormenta, vanno verso la prima attrazione di Grammaland, dove li aspetta Mangiafuoco.

"Ma questo è un campo da rugby," dice Leo. Sull'erba verdissima sono state tracciate alcune linee bianche, e alle due estremità ci sono due porte, ciascuna con due pali altissimi uniti da una barra orizzontale a tre metri da terra. Vicino a una porta, Mangiafuoco è affiancato da un omone più alto di lui, con gambe che sembrano tronchi d'albero e muscoli che deformano la sua maglietta, completamente nera come i pantaloncini.

"Sì, è un campo da rugby," conferma Mangiafuoco, "e infatti il nostro animatore è vestito tutto di nero in onore degli All Blacks, la squadra più forte e famosa del mondo, la nazionale della Nuova Zelanda..." Il professore si interrompe perché vede arrivare dall'ingresso una fila indiana di ragazzi. "Ah, ecco la classe della primaria, una quinta, mi pare. Avanti, avanti," dice alzando la voce per farsi sentire, "c'è posto per tutti e non abbiamo ancora incominciato."

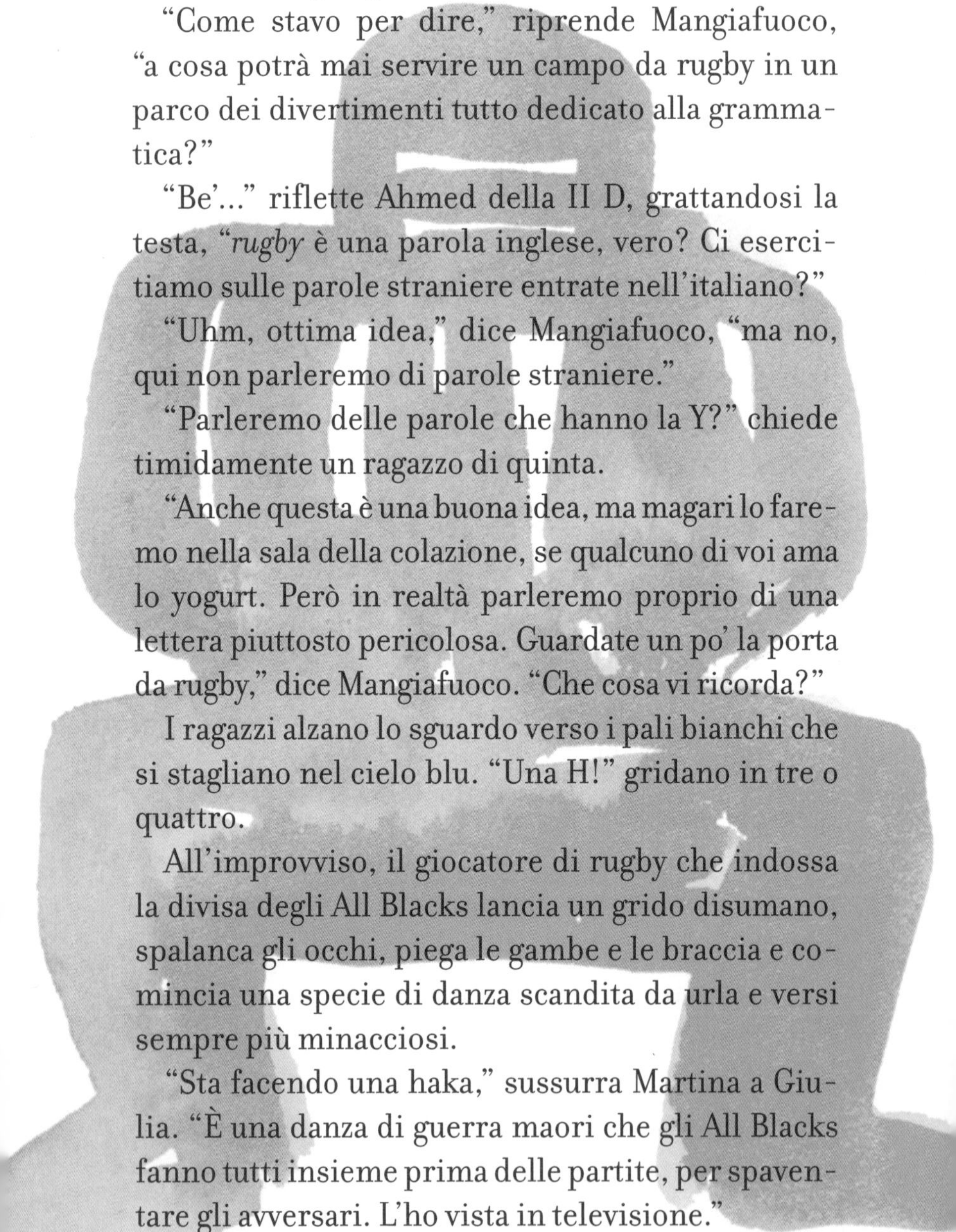

I nuovi venuti si guardano intorno, parlottano fra di loro, si dispongono su tre file di fronte alla II D.

“Come stavo per dire,” riprende Mangiafuoco, “a cosa potrà mai servire un campo da rugby in un parco dei divertimenti tutto dedicato alla grammatica?”

“Be’...” riflette Ahmed della II D, grattandosi la testa, “*rugby* è una parola inglese, vero? Ci esercitiamo sulle parole straniere entrate nell’italiano?”

“Uhm, ottima idea,” dice Mangiafuoco, “ma no, qui non parleremo di parole straniere.”

“Parleremo delle parole che hanno la Y?” chiede timidamente un ragazzo di quinta.

“Anche questa è una buona idea, ma magari lo faremo nella sala della colazione, se qualcuno di voi ama lo yogurt. Però in realtà parleremo proprio di una lettera piuttosto pericolosa. Guardate un po’ la porta da rugby,” dice Mangiafuoco. “Che cosa vi ricorda?”

I ragazzi alzano lo sguardo verso i pali bianchi che si stagliano nel cielo blu. “Una H!” gridano in tre o quattro.

All’improvviso, il giocatore di rugby che indossa la divisa degli All Blacks lancia un grido disumano, spalanca gli occhi, piega le gambe e le braccia e comincia una specie di danza scandita da urla e versi sempre più minacciosi.

“Sta facendo una haka,” sussurra Martina a Giulia. “È una danza di guerra maori che gli All Blacks fanno tutti insieme prima delle partite, per spaventare gli avversari. L’ho vista in televisione.”

L'animatore si blocca lanciando un urlo più forte e più lungo dei precedenti e poi riprende la sua posizione come se niente fosse.

"Abbiate pazienza," dice Mangiafuoco con un colpo di tosse. "Il nostro animatore è così entrato nella parte di un All Black che non distingue più tra H e haka. È più forte di lui, è una specie di riflesso condizionato. A proposito, il suo nome è Tacalahaka."

"Ma questa attrazione è una novità?" chiede la professoressa Allegra Tormenta. "Non mi pare di averla vista sul dépliant che aveva mandato alla scuola."

"Sì, è una novità assoluta," conferma Mangiafuoco. "Poco tempo fa, una scolaresca è venuta in visita a Grammaland e alla fine ha messo su Trovaquà una recensione con sole quattro stelle invece di cinque. Hanno scritto: tutto molto bello, emozionante l'Ottovolante dell'Apostrofo, pauroso il Tunnel degli Orrori di Congiuntivik, ma manca un'attrazione sulla H..."

Tacalahaka lancia un urlo e si rimette in posizione per la haka, ma Mangiafuoco lo fulmina con lo sguardo.

"Vorrà dire che la faremo da soli a casa nostra, hanno scritto, a Lattecaldo."

Un ragazzo di quinta scoppia a ridere. "Lattecaldo! E dove sta, tra Caffefreddo e Tebollente?"

Tacalahaka gli rivolge la stessa occhiataccia che ha appena ricevuto da Mangiafuoco.

"Su, be'... Non può esistere un posto che si chiama Lattecaldo," farfuglia il ragazzo – Michele detto Michi – cercando di smettere di ridere.

"Certo che esiste," ribatte bruscamente Mangiafuoco. "È in Canton Ticino, in Svizzera, a pochi chilometri dal confine con l'Italia. In onore di questi ragazzi così attenti ed esigenti, e nella speranza che la prossima volta vogliano mettere cinque stelle nella recensione a Grammaland, ho creato questa nuova attrazione. Ecco come funziona..."

Mentre Mangiafuoco parla, Tacalahaka va a prendere una specie di carrello pieno di palloni da rugby. Sul carrello è montato un tabellone luminoso, simile a quelli che si trovano nelle stazioni.

"Su questo schermo," continua Mangiafuoco, "compariranno una dopo l'altra alcune frasi in cui mancano due parole, sostituite da puntini. Le due parole sono quasi identiche: l'unica differenza è che in una c'è una H e nell'altra no. Voi dovrete indovinare le due parole. Per esempio..."

Sul tabellone compare una scritta:

.... vuole davvero il nostro bene non .... dà ragione anche quando abbiamo torto.

"**Chi** vuole davvero il nostro bene non **ci** dà ragione anche quando abbiamo torto," dicono insieme tre o quattro voci, e subito Tacalahaka afferra una palla ovale, la piazza su una specie di supporto che la tiene in verticale, calcia con violenza, e il pallone vola al centro della porta, tra i due pali verticali e sopra la barra centrale.

"Molto bene," dice Mangiafuoco annuendo. "Quando la risposta è giusta, Tacalahaka calcerà la palla fra i pali, come bisogna fare nel rugby."

"E se uno sbaglia?" chiede Michi.

"Prossima frase," continua Mangiafuoco come se non avesse sentito la domanda.

Te lo dicevo .... l'avremmo fatta.

"**Che ce** l'avremmo fatta!" rispondono in tanti. Tacalahaka prende un altro pallone e lo calcia tra i pali.

Ho dormito come un .... : quando mi sono svegliato la lancetta delle ore aveva fatto un .... completo.

"**Ghiro** e **giro**," dice Marco. "Ma questo gioco è troppo facile."

Tacalahaka lo fissa per un attimo. Poi prende un terzo pallone e lo spedisce dove sono finiti gli altri. Intanto lo schermo continua a proporre frasi:

Ho la febbre a 40! .... a letto con una borsa di .... sulla testa.

"**Sto** a letto con una borsa di **ghiaccio** sulla testa," dice a mezza voce Mattia, un altro ragazzo di quinta. Non ha ancora finito di parlare che un pallone, gettato da Tacalahaka con una mano da dietro la schiena, lo colpisce in testa. "Ahia!"

"Ringrazia che i palloni per gli errori sono di gomma," bofonchia il rugbista. "Io avrei scelto quelli di cuoio."

"Abbiamo detto che la parola deve essere la stessa, a parte la H," spiega Mangiafuoco. "*Sto* è un po' diverso da *ghiaccio*."

"Ma allora c'è un errore," dice Marco. "Dovrebbe essere *giacio*." Un pallone di gomma lo colpisce sul ginocchio.

"La prima persona del presente di *giacere* vuole la doppia C: *giaccio* come *piaccio* e *taccio*," interviene la professoressa Tormenta. "Non fatemi fare brutta figura."

"Quindi '**Giaccio** a letto con una borsa di **ghiaccio**

sulla testa'," dice Mangiafuoco. "Avete visto come funziona? Buon divertimento, vi lascio nelle manone di Tacalahaka. A più tardi." Il professore si allontana salutando con la mano. Il tabellone si illumina di nuovo.

Fagioli e .... non piacciono molto a .... e slovacchi.

I ragazzi rimangono in silenzio. Dopo un po', cominciano a consultarsi fra loro. Finalmente Alina, una ragazza di quinta, alza la mano. "Ho capito! **Ceci** e **cechi**, gli abitanti della Repubblica Ceca."

"Ma davvero a cechi e slovacchi non piacciono fagioli e ceci?" chiede Martina, dubbiosa.

"Non saprei," dice Tacalahaka mentre calcia la palla ovale in mezzo ai pali. "Ma siccome trovare queste coppie di parole non è così facile, non si può andare troppo per il sottile."

Attento! Nella sabbia si .... un granchio con una .... molto più grande dell'altra.

"So che la **chela** è la pinza dei crostacei, ma cosa vuole dire **cela**?" chiede Leo.

"*Celare* vuol dire 'nascondere'," spiega Tacalahaka mentre il pallone vola oltre i pali. "Dunque 'Nella sabbia si **cela**' vuol dire 'Nella sabbia si nasconde'."

Mi avevi promesso dei .... Non pensare di cavartela con un po' di ....

I ragazzi fissano il tabellone. Nessuno riesce a immaginare quali possano essere le parole mancanti. Anche la professoressa Tormenta ha lo sguardo perso nel vuoto. Si aggiusta nervosamente il foulard.

"Bello il suo foulard," dice Tacalahaka guardando l'orologio. "È di seta?"

"Certo. Ha importanza?"

"Ragazzi, vi hanno spiegato come si produce la seta, vero?"

"Be', ci vorranno i telai, il filo..." risponde qualcuno.

"Ma prima? Chi produce il filo?" Tacalahaka lancia minacciosamente in aria un pallone.

"Oh!" esclama la prof. "Era impossibile arrivarci: 'Mi avevi promesso dei **baci**. Non pensare di cavartela con un po' di **bachi**'."

"A dire il vero potrebbe essere anche il contrario: se un setaiolo aspetta da lei un prezioso carico di bachi, non si accontenterebbe di un po' di baci."

"Che frase scema," commenta Martina.

"Va bene, va bene," ammette Tacalahaka giocherellando col pallone. "Questa volta non colpirò nessuno, anche se le risposte dei professori non dovrebbero valere. Ma sulle frasi che arrivano adesso non farò sconti."

Sul tabellone questa volta non compare una frase sola.

Mentre .... a 20 gradi sotto zero ho capito di essere .... del cioccolato.

È scoppiato un incendio: tutti i .... sui pini temono che .... il bosco.

Quando ho sentito quello .... sono caduto dalla sedia e ho fatto una figura da ....

Non sono mica ...., ho capito lo ....

I ragazzi si grattano la testa, spostano il peso da una gamba all'altra.

"Avete bisogno di un aiutino?" chiede Tacalahaka, servizievole. "Cosa si può fare a 20 gradi sotto zero?"

"Gelare," dice Marco.

"Tremare," dice Martina.

"Pattinare," propone Michi. Ma mentre Alina alza la mano per dire la sua, il rimbombo assordante di una suoneria copre la sua risposta, e un cellulare alto più di tre metri avanza ondeggiante e minaccioso sul prato.

4. SOTTO ATTACCO!

"Cosa sarebbe questo... questo... telefonino gigante?" balbetta Giulia.

"Alla faccia del telefonino," dice Leo. "Questo è un telefonone!"

Tacalahaka non ha più quell'aria imperturbabile che aveva mentre leggeva le frasi sul tabellone o calciava i palloni. Sul suo viso c'è un'ombra di preoccupazione e sembra che si guardi intorno nella speranza che arrivi qualcuno.

L'enorme cellulare avanza su una specie di hoverboard ed è ormai a una decina di metri dai ragazzi. Sullo schermo è comparso il fumetto di una chat, accompagnato da un trillo di avviso.

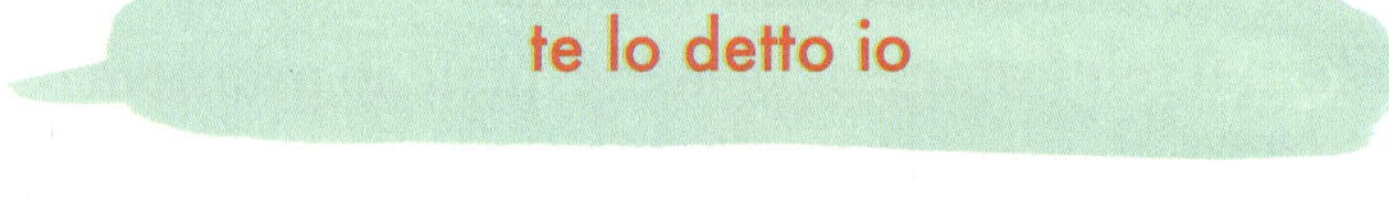

"Ah, ho capito!" dice Marco. "Il telefonone è stato mandato da Mangiafuoco per aiutarci. Vuole dettarci la soluzione delle frasi."

"Accipicchia, davvero spettacolare questo parco,"

commenta Leo, che sta cominciando a cambiare idea su Grammaland.

Tacalahaka apre la bocca come per dire qualcosa, ma rimane in silenzio. Un trillo annuncia un altro fumetto.

c'è lai

"Chi è questo Lai? Qualcuno lo conosce?" chiede Michi.

I ragazzi si guardano intorno e il fumetto della chat sullo schermo cambia ancora.

a scritto ha Martina

"Ehi, ma perché c'entro sempre io?" chiede Martina alzando la voce.

"C'entri sempre con gli erroracci di ortografia, oltre tutto," dice la sua amica Giulia.

"Ehm, il telefonone deve avere qualche problema con le H," commenta Leo. "Ho paura che non sia venuto qui per aiutarci."

"Appunto!" sbotta Tacalahaka, che non riesce più a controllarsi. "Io questo coso non l'ho mai visto e non credo proprio che sia una nuova invenzione del professor Mangiafuoco. Mi avrebbe avvisato, altrimenti. Ehi, coso, gira sui tacchi, o sulle rotelle, quello che vuoi, e stai alla larga. Qui abbiamo quattro frasi da completare." Tacalahaka prende una palla ovale, la piazza sul sostegno e la calcia con tutta la forza che ha contro il telefonone.

Dopo una leggera oscillazione prima all'indietro e poi in avanti, il megacellulare comincia a scrivere un fumetto molto più lungo. Il trillo d'avviso della chat fa sobbalzare tutti i presenti.

te lo detto io ke un'amico non fà così. Anke se c'è lai con 1 oh qualcun'altro ti a fatto qlcsa nn e giusto inbrattare i muri come Graffitonzo ke a scritto ha Martina quella cosa sul po damore

"Santo cielo!" sussurra la professoressa Tormenta. "Il telefonone non ha solo il problema delle H."

Ho un nome! Mi chiamo Smarfonio!

"Molto piacere. Comunque, Smarfonio, non hai messo una H giusta nemmeno per sbaglio," dice Alina. "Quindi *c'è lai* voleva dire **ce l'hai**."

"E *te lo detto* non veniva dal verbo *dettare*: era **te l'ho detto**," aggiunge Leo.

"E chi è Graffitonzo e perché scrive cose su di me?" domanda Martina.

"Ragazzi," interviene Tacalahaka, "mettiamoci subito a correggere le bestialità di Smarfonio, altrimenti continuerà a fare danni." Estrae una tastiera e una mensola da sotto il tabellone, libera lo schermo dalle frasi da completare e chiama tutti attorno a sé. "Avanti, riscriviamo come si deve. L'inizio l'avete già detto."

Te l'ho detto io CHE UN AMICO NON FA COSI
ANCHE SE C'È LAI CON 1 OH QUALCUN'ALTRO TI
AFATTO QUALCOSA NON E GIUSTO IMBRATTERE
I MURI COMÈ GRAFFITONZO CHE ASCRITTO HA
MARTINA QUELLA COSA SOL PO D'AMORE

"**Che** non si scrive con la K," dice Michi.

"**Un amico** non vuole l'apostrofo," continua Giulia, "e **fa** non vuole l'accento. Lo dovrebbe capire perfino Smarfonio, perché anche il suo correttore glieli aveva sottolineati in rosso mentre scriveva."

"Però è sbagliato anche *c'è lai*. Perché il correttore non l'ha segnato?" chiede Alina.

"Ottima domanda," dice Tacalahaka. "Non lo segna perché *c'è* esiste ed è scritto giusto: qui ci vorrebbe **ce**, ma il correttore non è abbastanza intelligente per capirlo. Mentre il suo vocabolario è abbastanza ricco da sapere che esiste la parola *lai*, che nella tradizione letteraria significa 'lamenti'. Vedete poi che *a scritto ha Martina* non ha nessuna sottolineatura: anche qui, *a* e *ha* esistono come parole, solo che sono usate nel modo sbagliato. Quindi non possiamo fidarci ciecamente del correttore ortografico, anche se facciamo benissimo a usarlo. Su, continuiamo."

Da Smarfonio, però, esce una musica minacciosa, prima a basso volume, poi sempre più forte. Tutti gli *oh*, *lo*, *lai*, *a*, *ha* sullo schermo cominciano a pulsare, la suoneria rimbomba, la struttura si mette a vibrare. Tacalahaka si lancia coraggiosamente in avanti, abbassa la testa e colpisce lo schermo gigante come un mediano di mischia, ma dalle lettere vibranti partono raggi (forse laser?) che attraversano il campo e si concentrano sfrigolando sulle basi dei due pali della porta da rugby.

Tacalahaka si blocca, osserva la porta, poi le scolaresche, poi di nuovo i pali e si getta verso i ragazzi radunati attorno allo schermo, urlando: "Presto, via di lì, allontanatevi!".

Dopo due piccole esplosioni alla base, i pali crollano e si schiantano sull'erba, per fortuna dalla parte opposta rispetto al campo. Smarfonio ruota su sé stesso e si allontana a tutta velocità. La suoneria riempie l'aria con le note minacciose del tema della Morte Nera di *Star Wars*.

Sul prato, nessuno fiata. Quando Smarfonio è ormai sparito dietro la sagoma dell'Ottovolante dell'Apostrofo, arriva di corsa il professor Mangiafuoco.

"Cosa è stato quel botto?" chiede, e in quel momento si accorge che la porta da rugby è stata abbattuta. "Come... come è potuto succedere?"

"I raggi laser!"

"Tutte quelle H sbagliate!"

"Smarfonio!"

"Di cosa state parlando?" domanda Mangiafuoco.

"Smarfonio," mormora la professoressa Tormenta, trovando a fatica le parole. "Un cellulare alto più di tre metri. È arrivato qui, con un sacco di strafalcioni sullo schermo, e ha abbattuto la porta con i suoi raggi..."

"A Grammaland è vietato l'ingresso ai cellulari, c'è scritto anche sul dépliant! Tanto più a quelli di tre metri che vanno in giro da soli a fare danni! Tacalahaka, che succede? L'hai fatta cadere tu con uno dci tuoi calci supcrpotcnti?"

"No, no: è andata proprio come ha detto la professoressa Tormenta."

"Ragazzi, per favore, almeno voi: datemi una spiegazione sensata di questo disastro!"

"Smarfonio!" gridano tutti in coro.

"Ma è assurdo!" sbotta Mangiafuoco. "Un caso di allucinazione collettiva. Ogni tanto succede. Certo che mi meraviglio di te, Tacalahaka. Mi sembravi un tipo con i nervi saldi."

Dalla zona dell'ottovolante arrivano due adulti, un uomo e una donna.

"Il maestro Grancassa e la maestra Tuttifrutti," dicono i ragazzi di quinta.

"Cos'è quello strano cellulare alto tre metri che voleva salire sull'Ottovolante dell'Apostrofo? Una nuova attrazione?" chiede il maestro Grancassa.

"Altro che allucinazione collettiva. Un'epidemia," dice Mangiafuoco scrollando la testa. "Cos'avete mangiato a colazione, tutti quanti?"

5.

APOSTROFI ESPLOSIVI

Quando arrivano di corsa all'ottovolante, Mangiafuoco, gli insegnanti e i ragazzi (Tacalahaka si è fermato a fare ordine nel campo da rugby della H) vedono il cellulare gigante semisdraiato su un carrello che sfreccia sulle montagne russe.

"Smarfonio!" gridano i ragazzi.

"Ma... ma... allora esiste!" balbetta Mangiafuoco appoggiandosi a un palo, come se stesse perdendo l'equilibrio.

"Professor Mangiafuoco!" lo chiama l'animatore dell'Ottovolante dell'Apostrofo, vestito come sempre da astronauta. "Non so come sia potuto succedere, ma quel coso è riuscito a far partire i carrelli e a saltarci sopra."

Sull'ottovolante, i carrelli dovrebbero bloccarsi davanti ad alcune coppie di cartelli per far scegliere ai ragazzi la forma giusta tra *qual è* e *qual'è*, *buon uomo* e *buon'uomo*, *nessun altra* e *nessun'altra*, ma quando Smarfonio ci passa sotto si solleva un po' e travolge tutti i cartelli, abbattendoli.

"Ehi, razza di vandalo, stai spaccando tutto! Smettila!" grida furibondo Mangiafuoco.

L'enorme cellulare fa un rapido giro su sé stesso e con un salto abbandona il carrello, che continua a girare, e si ferma su un pilone di sostegno dell'ottovolante, rivolto verso Mangiafuoco e tutti gli altri. Sullo schermo compare il fumetto di una chat:

Daccordo, l'ha smetto

"Ma come scrive questo?" chiede Mangiafuoco.

"Cosa le avevamo detto? Questo essere è pericoloso: da tutti questi errori sulla H sono partiti i raggi laser che hanno abbattuto la porta da rugby," spiega la professoressa Tormenta.

"Come si fa a scrivere *l'ha smetto*?" dice Mangiafuoco trattando Smarfonio come un alunno zuccone. "**La** *smetto*, è il normale pronome **la**, mica è il verbo *avere*. E **d'accordo** si scrive con l'apostrofo, accidenti!"

Se metto l'apostrofo sbaglio,
se non l'ho metto sbaglio

Dopo un istante, compare un altro fumetto:

*lo

"Ehi, si è corretto!" dice Alina.
"Miracolo!" dice Leo.

Cosa centrano i miracoli?

"**C'entrano**: **c'entrano** con l'apostrofo!"

"Ah, non è voce del verbo *centrare*?" chiede Michi grattandosi la testa.

"No," spiega pazientemente Mangiafuoco. "**C'entra** nel senso di 'ci entra', 'entra in ballo', 'ha a che vedere'. Non hai mai sentito l'espressione 'c'entra come i cavoli a merenda'?"

"A me fanno schifo i cavoli," dice Martina.

"Sbagli, sono buoni e fanno bene," risponde Mangiafuoco. "Ma di sicuro non entrano nel menù ideale di una merenda con il tè, il latte, la cioccolata, i biscotti, le fette di torta... Non ci entrano: non **c'entrano**!"

Smarfonio ha qualcosa da dire.

I cavoli potrebbero c'entrare con il pranzo

“Abominio!” grida Mangiafuoco pestando con forza un piede per terra.

Hai appena detto che sono buoni

“Abominio quel *ci* apostrofato!”

Ma me l’hai fatto mettere tu!

Qualche ragazzo fissa Mangiafuoco: è tentato di dare ragione a Smarfonio.

“Al presente, non all’infinito!” L’urlo di Mangiafuoco fa vibrare le strutture metalliche dell’ottovolante. “In italiano, da che mondo è mondo, all’infinito lc particelle si attaccano alla fine del verbo. Si dice *non c’è* ma **non può esserci**, mica *non può c’essere*! Se uno skateboard non ci sta in una valigia, si dice *non può entrarci* o *non può c’entrare*?”

I ragazzi fanno segno di sì con la testa: “**Entrarci**,” rispondono.

“Ma non vuol dire proprio la stessa cosa...” butta lì Michi.

"Il verbo però è esattamente lo stesso. Soprattutto, in italiano la posizione delle particelle, con i vari verbi, è fissa. Si può dire, parlando dello skateboard, *non ci può entrare*, questo sì: ma mai, assolutamente mai *può c'entrare*. Quindi, ragazzi, per favore, ripetete con me: 'potrebbero **entrarci**, potrebbero **entrarci**, potrebbero **entrarci**'!"

Il boato di una quarantina di voci sembra scuotere anche l'enorme Smarfonio.

Adesso ho capito qual'è il problema

"No che non l'hai capito," dice Giulia. "*Qual* va sempre scritto senza apostrofo: quindi **qual è** e **qual era**."

D'avvero?

Mangiafuoco non crede ai suoi occhi. "Santa polenta! **Davvero** è tutto attaccato."

Non è come d'accordo? Fin'ora non me l'aveva detto nessuno

"Anche **finora** è tutto attaccato!" urla l'animatore vestito da astronauta.

Tutto attaccato. Lo scriverò a lettere d'orate

"Cosa c'entrano le orate? Le orate sono pesci. **Dorate**, l'aggettivo, va scritto tutto attaccato!"

Quante storie. Basta la salute, e chi va' piano va' sano e va' l'ontano

"Mi sento svenire," mormora Mangiafuoco. Poi si riprende e ulula: "L'ontano non può andare **lontano**: sta fermo, l'ontano è un albero!".

Sta' con l'apostrofo, vero?

Mangiafuoco crolla a terra. Mentre qualcuno va in cerca di un po' d'acqua e gli insegnanti tentano di rianimarlo, Alina prova a spiegare a Smarfonio come stanno veramente le cose.

"Al presente indicativo, come qui, *va* e *sta* non vogliono né apostrofo né accento: chi **va** piano **va** sano e **va** lontano; oppure l'ontano, nel senso dell'albero, **sta** fermo. Invece *sta'* e *va'* hanno l'apostrofo se sono imperativi. Se devi ordinare a qualcuno 'Sta' fermo!', l'apostrofo è giusto."

"Oppure," sussurra Mangiafuoco che si è ripreso dallo svenimento e si rialza a fatica, "se devi dire: 'Va' a quel paese, Smarfonio'. Lì l'apostrofo è corretto."

Dov'è quel paese? Bisogna fare all'enamento, per andarci?

"Basta! Fatelo smettere! È uno scempio!"

Mangiafuoco vorrebbe correre verso Smarfonio, ma ha un giramento di testa. Il cellulare vede che il carrello dell'ottovolante sta ripassando di lì proprio in quell'istante e salta a bordo. L'astronauta tenta di bloccarlo, ma Smarfonio è troppo grosso e pesante per lui e riparte a tutta velocità. Si blocca sotto tre cartelli rimasti miracolosamente intatti nei giri precedenti:

Smarfonio si solleva e con un tocco insolitamente delicato colpisce il cartello sulla destra, come se quella fosse la sua scelta. Il *pò* con l'accento scivola dolcemente nel carrello. Come succede sempre a chi sbaglia, allo scambio successivo il carrello lascia il percorso stabilito e si avvia a tutta velocità verso un trampolino, da cui spicca il volo anche grazie all'accensione di una specie di razzo. Mentre, in lontananza, si apre il paracadute che lo farà atterrare in sicurezza, parte un'inconfondibile suoneria: *pò-popopopopò-po, pò-popopopopò-po...*

"Secondo me ha messo gli accenti anche nella musica del *popopò*," dice Marco.

Mangiafuoco si guarda attorno, smarrito. "Sono stato qui a discutere con un cellulare alto tre metri che non sa la grammatica e vuole distruggere Grammaland. Devo essere completamente impazzito."

6. UN NUOVO MOSTRO

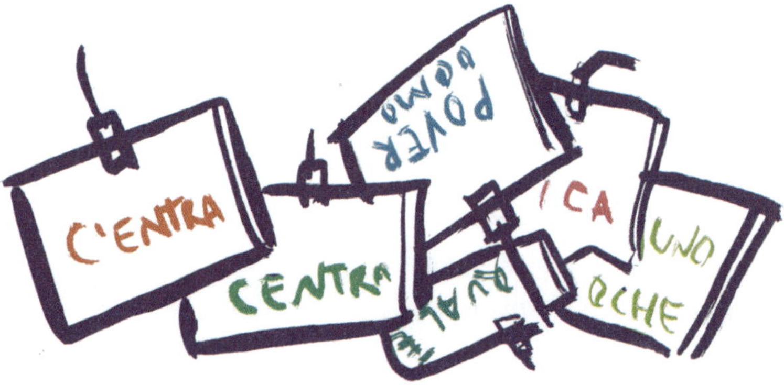

Il passaggio di Smarfonio ha reso impraticabile l'Ottovolante dell'Apostrofo: i cartelli abbattuti hanno danneggiato vagoncini e binari, la mole del cellulare gigante ha piegato gli assi delle ruote, ha divelto pali.

"Santo cielo, che disastro," dice l'animatore vestito da astronauta togliendosi il casco e grattandosi la testa. "Chissà quanto tempo ci vorrà per ripararlo e ottenere di nuovo l'autorizzazione per correrci sopra. Mesi e mesi, temo..." Apre la porta di uno sgabuzzino, esce con un nastro bianco e rosso da lavori stradali e comincia a stenderlo attorno alla base dell'ottovolante.

"Uffa," dice Marco. "Era una delle cose più divertenti da fare a Grammaland. Che barba."

"Ragazzi, vi ricordo che non siamo qui per divertirci ma per stabilire se Grammaland è un utile strumento educativo." La professoressa Tormenta si aggiusta il foulard. "Ma sono sicura che il professor Mangiafuoco riuscirà ad attirare il vostro interesse nonostante questi contrattempi. Vero, professore?"

Mangiafuoco sta fissando l'orizzonte nella direzione in cui è volato via Smarfonio. Si riscuote solo quando si accorge che tutti gli sguardi sono puntati su di lui. "Eh, cosa...? Ah, certo, certo, ci sono un sacco di altre cose da fare qui, ci vuol ben altro che un ignorantissimo telefono venuto da chissà dove per fermare Grammaland. Andiamo, seguitemi!"

Il professore parte di buon passo lungo il viale principale di Grammaland, seguito da ragazzi e insegnanti.

"È importante che sappiate," continua Mangiafuoco sventolando un indice ammonitore, "che qui nel nostro parco contano certo le regole della grammatica, ma soprattutto ci interessa far conoscere le meravigliose potenzialità della nostra lingua e dimostrare che, se impariamo a maneggiarla con cura, potremo farci strada nella vita proprio grazie alle nostre capacità espressive."

"Scusi, professore," interviene Leo, "a proposito di lingua: che cos'è un trombone?"

"Come, un trombone? È uno strumento musicale della famiglia degli ottoni, simile alla tromba ma più grosso, con un suono più grave, e con un tubo che si può allungare o accorciare grazie a una specie di pompa..."

"Sì, d'accordo, ma riferito a una persona?"

"Be', una persona è un trombone quando si riempie la bocca di parole pompose ma con poca sostanza: è un fanfarone, un pallone gonfiato. Perché me lo chiedi?"

Leo arrossisce e mostra un foglio colorato che ha raccolto da terra. "Guardi cosa c'è scritto qui."

Mangiafuoco è un gran trombone

"Chi... chi si permette di insultarmi a casa mia?" Mangiafuoco strabuzza gli occhi, gesticola, sembra fuori di sé. Una folata di vento solleva una nuvola di fogli sparsi sull'asfalto, tutti con la stessa frase. Poi Giulia fa qualche passo avanti e raccoglie un foglio di un colore diverso.

che parla parla ma non è buono
di organizzare un parco dei divertimenti

"Ma è giusto dire *buono di organizzare*?" chiede Alina.

"Certo che no!" risponde il maestro Grancassa. "È una forma dialettale."

"Guardate!" grida Marco agitando un altro foglio.

anzi non ha finito da costruirlo

"Anche *finire da* è dialettale," dice Leo. "Si dice **finire di**."

"Ma io ho finito Grammaland," balbetta Mangiafuoco. "Cosa sta blaterando questo..."

"Qua ce ne sono altri!" grida Giulia che è corsa ancora più avanti.

anzi non è capace a insegnare la grammatica

"Sarai bravo tu!" esplode Mangiafuoco.

"*Capace a* è sbagliato," dice Martina. "Si dice **capace di**."

"Brava," le risponde il professore. "Meno male che ci siete voi ragazzi a consolarmi. Ma da dove viene questa... questa spazzatura?"

Il viale centrale di Grammaland è cosparso di fogli colorati, che arrivano a folate da una traversa sulla sinistra.

"Cos'è questo rumore?" chiede Michi. "Sembra un frullatore."

Il rumore aumenta a mano a mano che i ragazzi si avvicinano all'angolo con la via laterale. I primi che si sporgono oltre il muro vedono, a una trentina di metri di distanza, una creatura che ricorda un enorme robot di lamiera uscito da un vecchio film di fantascienza. Sembra ancora più grosso di Smarfonio e

procede su gambe massicce come tronchi d'albero e altrettanto pesanti, visto che ogni passo fa vibrare l'asfalto. L'essere si sta allontanando, e sulla schiena si apre una specie di sportello, oltre il quale si intravedono gli ingranaggi che lo fanno muovere. Sulla testa spunta un tubo cilindrico da cui esce vapore, come se a spingere gli ingranaggi fosse un'enorme caldaia. Dall'apertura nella schiena cadono, come da una stampante impazzita, decine e decine di fogli colorati che svolazzano intorno.

"Andiamo a vederlo da vicino!" propone Michi.

"Fermi!" grida la maestra Tuttifrutti. "Può essere pericoloso! Professor Mangiafuoco, come è possibile che per Grammaland scorrazzino impunemente creature simili?"

"Non ne ho la più pallida idea," confessa Mangiafuoco, e anche la sua faccia è pallida. "Aspettatemi qui. Voglio affrontarlo da solo." Si fa largo tra i ragazzi e parte con passi decisi verso il gigantesco robot, che nel frattempo ha svoltato a destra ed è scomparso.

Quando anche Mangiafuoco

gira a destra, i ragazzi non resistono e gli corrono dietro. Si affacciano sull'altra via e del mostro non c'è più traccia. C'è solo il professor Mangiafuoco, al centro della strada, che stringe uno dei tanti fogli sparsi sull'asfalto. Questa volta non ci sono frasi sgrammaticate, ma semplicemente una grossa lettera maiuscola dentro una specie di scudo.

“Una S… Una S…” ripete Mangiafuoco sempre più forte. Sembra un disco incantato. “S come Superstrafalcione!” grida finalmente, alzando un pugno al cielo.

7. NEL PADIGLIONE DELLE PRONUNCE SBAGLIATE

Il professor Mangiafuoco resta immobile come una statua, con il pugno levato, in mezzo a un turbinio di fogli agitati dal vento. Tutti gli occhi sono puntati su di lui. Nessuno osa dire una parola. Poi, all'improvviso, con un sobbalzo, il professore batte le mani e, come se niente fosse, grida: "Pausa pranzo! Tutti in mensa, poi un po' di relax e, a seguire, un'immersione nella nuovissima attrazione di Grammaland: il Padiglione delle Pronunce Sbagliate!".

* * *

"Qui dovremmo essere al sicuro," dice Mangiafuoco alla professoressa Tormenta, davanti a una cupola simile a quelle che coprono i campi da tennis d'inverno.

"Al sicuro da cosa, esattamente?"

"Be', da... insomma, da incontri imprevisti. Adesso," Mangiafuoco alza la voce e si rivolge a tutti i ragazzi che lo seguono, "siete sazi, riposati e quindi pronti ad affrontare una prova... come dire... impegnativa."

All'interno, la cupola sembra una grande sala da concerto. Sul palcoscenico non c'è un'orchestra ma due enormi tamburi, due trombe e poi alcuni attrezzi che non hanno l'aria di strumenti musicali: un'incudine, un martello, una staffa. Davanti, su un podio, un direttore d'orchestra in frac volta le spalle ai ragazzi che stanno prendendo posto in platea.

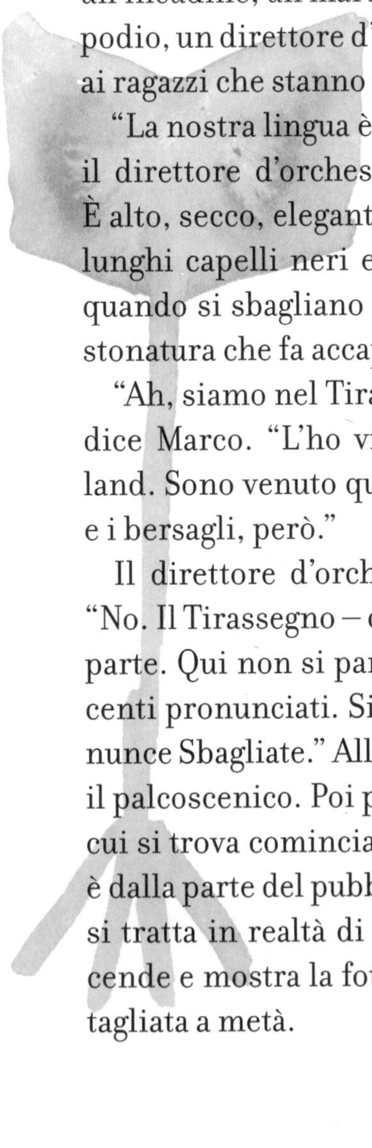

"La nostra lingua è musica per le orecchie," grida il direttore d'orchestra voltandosi all'improvviso. È alto, secco, elegantissimo, ha una folta chioma di lunghi capelli neri e lo sguardo ispirato. "Tranne quando si sbagliano gli accenti. Allora diventa una stonatura che fa accapponare la pelle."

"Ah, siamo nel Tirassegno all'Accento Sbagliato," dice Marco. "L'ho visto sul dépliant di Grammaland. Sono venuto qui per questo! Non vedo i fucili e i bersagli, però."

Il direttore d'orchestra lo gela con lo sguardo. "No. Il Tirassegno – che cosa volgare! – è da un'altra parte. Qui non si parla di accenti scritti, ma di accenti pronunciati. Siamo nel Padiglione delle Pronunce Sbagliate." Allarga le braccia e indica la sala e il palcoscenico. Poi preme un pulsante e il podio su cui si trova comincia a ruotare, finché il leggio non è dalla parte del pubblico. I ragazzi si accorgono che si tratta in realtà di un grande schermo che si accende e mostra la fotografia di una grossa pagnotta tagliata a metà.

“Dove cade l’accento su questa parola?” Il direttore d’orchestra indica con la sua bacchetta la parola che compare sullo schermo.

mollica

“Sulla O: *mòllica*,” dice Marco dalla platea.

L’uomo in frac lo fissa per un istante, poi raccoglie le due trombe sul palcoscenico, se le porta entrambe alla bocca ed esplode in un suono acuto e fortissimo. “Cosa sentono le mie trombe di Eustachio?” grida poi.

“Scusi, signor...” balbetta Marco. “Lei come si chiama?”

“Chiamatemi pure Maestro.”

“Scusi, Maestro: le trombe sono sue o di Eustachio?”

Il direttore d’orchestra alza gli occhi al cielo. “Quanta ignoranza, a tutti i livelli. Ignoranza crassa! Non sapete che nelle orecchie abbiamo le trombe di Eustachio? E che abbiamo anche i timpani, che sono quei due tamburi che vedete lì, e una catena di ossicini che si chiamano martello, incudine e staffa, e infatti vedete lì un martello, un’incudine e una staffa? Ogni volta che sbagliate un accento, voi ferite il mio orecchio delicato e raffinatissimo.” Il Maestro prende fiato, poi emette un urlo selvaggio: “Si dice **mollìca** con l’accento sulla I! Tu, vieni avanti!”.

Tra la platea e il palcoscenico c’è qualcosa che non si trova nei teatri, una specie di tromba delle scale che scende a spirale verso un profondo sotterraneo, una scala, anzi uno scivolo a chiocciola. Marco avanza fino ad arrivare all’imboccatura dello scivolo.

“Nell’orecchio abbiamo anche la chiocciola,” continua il Maestro. “E chi sbaglia ci finisce dentro!”

Sotto i piedi di Marco si spalanca una botola e il ragazzo precipita nello scivolo, scendendo sempre più velocemente nel buio. Alla fine si sente una specie di tonfo. Il pubblico in platea ha un sobbalzo.

“Non preoccupatevi, ci sono materassi belli spessi in fondo,” dice subito il professor Mangiafuoco, rassicurante. “Nessun ragazzo si è mai fatto male a Grammaland.”

Il Maestro si mette a picchiare furiosamente il martello sull’incudine. “Avanti, non perdiamo tempo. Il martello è un...”

utènsile o utensìle?

“Nessuno vuole rispondere? Vieni avanti tu, ragazzino.”

Michi si guarda attorno, sperando che il dito non sia puntato contro di lui. Ma il Maestro gli fa cenno di sì con la testa.

"*Utènsile?*"

"*Utènsile* esiste," comincia il direttore. Michi tira un sospiro di sollievo. "Ma è solo aggettivo: le macchine *utènsili*. Il sostantivo vuole l'accento sulla I: **utensìle**!"

"Però non era sbagliato sbagliato," lo implora Michi.

"Già. Proviamo con questo, allora. Il martello si usa anche nei cantieri..."

èdili o edìli?

"*Èdili!*"

"Giù nello scivolo! **Edìli**, con l'accento sulla I!" Il Maestro tira una martellata sull'incudine. "Avete visto? Gli accenti sono una materia... già, come si dice?"

ìnfida o infìda?

"Stavolta tocca a una ragazza. Tu, in prima fila."

Martina avanza decisa. "Be', l'accento va sulla I."

"Molto spiritosa: quale I, la prima o la seconda?"

"La seconda: *infìda*."

"Giusto, **infìda**, molto bene." Con un salto, il direttore d'orchestra afferra i mazzuoli e si produce in un rombante rullo di timpani. "Ma non te ne andrai

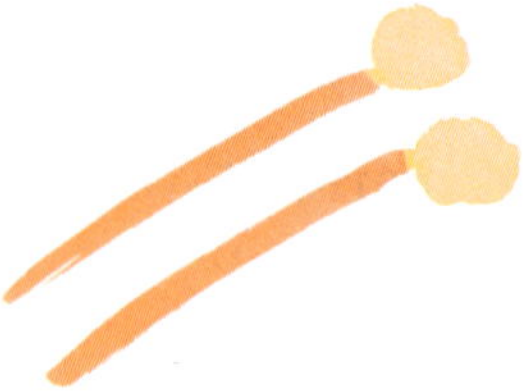

di qui finché non mi avrai persuaso che sai gli accenti a rischio. A proposito, dove cade l'accento sull'infinito di *persuaso*?"

persuàdere o persuadére?

Martina si gratta la testa. "*Persuàdere*?" dice con una faccia dubbiosa.

Il Maestro non dà in escandescenze. "E perché, secondo te?"

"Be', *invaso* è il participio di *invàdere*, con l'accento sulla A. Quindi..."

"Quindi un corno!" urla il direttore d'orchestra. "**Persuadére**, come **dissuadére**, ha l'accento sulla E!"

Mentre Martina precipita nel sotterraneo, il Maestro mostra la fotografia di un pesce e chiama un'altra ragazza. Rassegnata, Giulia si mette davanti al precipizio.

"Questo pesciolino si chiama *acciuga*, ma è noto anche con un altro nome. Dove va l'accento?"

alice

"Sulla A: *àlice*."

Il Maestro batte come un forsennato il martello sull'incudine. "Ma no: **alìce** con l'accento sulla I."

"Ma Alìce è quella del Paese delle meraviglie."

"Perché, il mare non è un luogo meraviglioso? Anche le alici, a modo loro, stanno in un paese delle meraviglie."

Giulia avanza a testa bassa verso lo scivolo a spirale.

"Questo invece è un mammifero sudamericano. Dove va l'accento, nel nome di questo animale molto ma molto lento?"

bradipo

"Lo so, lo so," risponde Leo. "Sulla A."

"Giusto, **bràdipo**. E sai che cosa significa il suo nome?"

"Qualcosa che ha a che fare con la lentezza?"

"Proprio così: deriva da due parole greche che vogliono dire 'di piede lento'. Vieni avanti, ragazzo, mettiti vicino allo scivolo e dimmi: dove metti l'accento sul nome di questo insetto simile a una formica?"

termite

"Be', facile: sulla I: *termìte*. Le *termìti* vivono nei termitai."

"Ma neanche per sogno!" sbraita il direttore d'orchestra. "**Tèrmite, tèrmite, tèrmite**! Professor Mangiafuoco, non potremmo procurarci una colonia di formiche rosse? Sarebbero contentissime di spolpare i ragazzi che sbagliano gli accenti!"

"Ah, che bellezza tornare alla cara vecchia Grammaland di una volta," dice fra sé Mangiafuoco, mentre anche Leo precipita nello scivolo. "Crudeli animatori, ragazzi torturati... Tutto regolare, senza quegli stupidi intr..."

Qualcosa sfonda dall'esterno un oblò del padiglione. Una proboscide di lamiera, che finisce a forma di tromba, si infila attraverso l'apertura. Il suono potentissimo di una sirena da ambulanza riempie la sala. Poi dalla stessa tromba esce una voce gracchiante:

Se sbagliate gli accenti, banda di ignorantoni, vi si infiamma l'appèndice!

Dal sotterraneo viene la voce di Martina: "Ma non si dice **appendìce**?".

"Certo, **appendìce** con l'accento sulla I," grida il direttore d'orchestra. "Che si tratti del pezzo di intestino o dell'aggiunta a un testo, l'accento è sempre sulla I, **appendìce**!"

Dalla proboscide esce una risata stridula.

Maestro, le telefonerò quando avrò un dubbio. Può darmi il suo numero, così lo segno sulla mia rùbrica?

"Sarà **rubrìca** con l'accento sulla I." Questa volta, la voce che sale dal sotterraneo è quella di Leo.

"E ci mancherebbe altro!" Il Maestro è infuriato. Ha la faccia rossa come un peperone. "**Rubrìca**, **rubrìca**!"

Dall'esterno provengono uno sbuffo di vapore e poi un rumore metallico, come di ingranaggi che ruotano.

"È il mostro di prima!" sussurra Mangiafuoco alla professoressa Tormenta.

Invece di venire a Grammaland, fatevi una bella gita in alìscafo.

"Ma si dice **aliscàfo**, con l'accento sulla A. Come motoscàfo, non come piròscafo," grida Giulia.

La voce insiste:

appèndice, rùbrica, alìscafo...

"No e poi no!" Stavolta il fumo sembra uscire dalle orecchie del Maestro, tanto è furibondo. "**Appendìce, rubrìca, aliscàfo**!"

Dalla proboscide a tromba non esce la solita voce gracchiante ma una mitragliata. La pelle dei timpani è squarciata a metà, le due trombe rotolano per terra e il rimbombo fa vibrare l'aria.

Il direttore d'orchestra getta via la sua bacchetta, si toglie la giacca del frac e la lascia cadere, si slaccia i polsini, tira su le maniche e parte deciso verso l'uscita, come se volesse fare a pugni con l'essere che pronuncia simili bestialità. Esce, sbatte con violenza la porta e nello stesso momento il mostro di lamiera ritira la proboscide-tromba.

"Ehi, il Maestro è in pericolo!" dice Alina. "Quell'affare spara."

Mentre dallo scivolo a spirale risalgono faticosamente Michi, Marco, Leo, Martina e Giulia, dall'esterno provengono scoppi, schiocchi, botti, grida inumane, parole alla rinfusa: "*Persuàdere*!... No, **persuadére**!... *Mòllica*!... No, **mollìca**!... Maestro, sei *ìnfido*!... No, **infìdo**! E non sono **infìdo**!... Ti chiudo in un *bàule*!... Non mi chiudi in nessun **baùle**!". Un'altra serie di schianti, cozzi, colpi e poi solo la voce gracchiante del mostro che sembra allontanarsi.

appèndice
rùbrica
alìscafo

"Bisogna dire **appendìce**, **rubrìca** e **aliscàfo**!"

Il direttore d'orchestra è tornato nel padiglione. La sua voce è tranquilla e sicura, ma l'aspetto fa spavento. Ha i capelli ritti in testa, un occhio nero, la camicia e i calzoni strappati e macchiati, ed è coperto di polvere.

"Odio con tutte le mie forze quel grosso Superstrafalcione ambulante!" grida Mangiafuoco.

Il Maestro ha raggiunto il suo podio. Raccoglie e indossa la giacca, stringe delicatamente la bacchetta, la spolvera con il fazzoletto, la ripone in un prezioso astuccio imbottito che infila in una tasca interna del frac, si spazzola le spalle e le ginocchia, e si dirige a passi decisi verso la porta.

"Professor Mangiafuoco, la nostra collaborazione finisce qui," dice senza voltarsi. "Quando ho accettato di venire a Grammaland non potevo immaginare che il mio orecchio raffinato rischiasse traumi irreparabili a causa di esseri fuori controllo ed estremamente pericolosi, non solo per le orecchie. Addio."

"Ma... Ma... Maestro, non può abbandonarmi così!"

"Posso eccome. E ringrazi il mio animo nobile se non le faccio causa per danni. Non resterò un minuto di più in un luogo dove si aggira un essere come quel coso. Come ha detto che si chiama? Superstrafalcione?"

Il direttore ormai è uscito. Dalla porta aperta entrano nel padiglione alcuni volantini. Uno, sospinto dal vento, arriva fino ai piedi di Mangiafuoco.

Ah, io mi chiamo Straphalkion,
banda di ignorantoni!

8. TIMORI E BUONI PROPOSITI

"Ma cosa sta facendo?"

La professoressa Tormenta fissa sbalordita Mangiafuoco che, seduto in mensa accanto a lei, con lo sguardo perso nel vuoto, ha sbucciato un mandarino, ha allineato gli spicchi davanti a sé e li sta infilzando con la forchetta per intingerli nel sugo del suo spezzatino (suo della professoressa Tormenta) e mangiarseli uno a uno.

Al quinto o sesto spicchio, quando ormai molti occhi sono puntati su di lui, Mangiafuoco ha un sobbalzo, fissa prima la forchetta, poi il piatto della sua vicina e di nuovo la forchetta, la lascia cadere come fosse arroventata e balbetta le sue scuse: "Non... non so cosa mi è preso, un atto così maleducato... Però va detto che la fresca acidità del mandarino si sposa perfettamente con gli aromi del sugo di carne...".

"Professore, non siamo a *Masterkuok*," lo ammonisce la professoressa Tormenta.

"Certo, certo, davvero non so spiegarmi..."

"È preoccupato per quello che sta succedendo a Grammaland?"

Mangiafuoco si accarezza la barba. "Certo che

no," dice mangiando le parole. "La situazione è perfettamente sotto controllo, si tratta di minimi inconvenienti senza nessuna ricaduta negativa sull'esperienza didatt..." Si interrompe bruscamente e afferra il polso della professoressa. "Sì, sì," dice in un soffio, guardandosi attorno come per controllare che nessun altro lo ascolti, "sono molto preoccupato. Questi attacchi... Non ho idea da dove vengano, non so a chi possano essere utili, ma ho paura che il loro obiettivo sia... distruggere Grammaland!"

La professoressa Tormenta non risponde subito. Si pulisce la bocca con un tovagliolo, beve un sorso d'acqua, si guarda in giro e poi, sottovoce, dice: "Non sarebbe il caso di chiamare la polizia, i carabinieri? Se la minaccia è così grave...".

"Mi immagino la scena," risponde Mangiafuoco scuotendo la testa. "Io che telefono: 'Pronto, maresciallo, siamo a Grammaland e sono comparsi un cellulare alto tre metri e un mostro di lamiera che sparano strafalcioni e raggi mortali'. I carabinieri arriveranno di corsa, garantito..."

"E se a uno dei nostri ragazzi cadesse qualcosa in testa per colpa di quegli esseri?"

"Su, non mi sembrano così pericolosi," dice Mangiafuoco. "Aspettiamo domani. Magari si accontentano delle bravate di oggi e non si fanno più vedere."

"Lei mi sembra troppo ottimista," dice la professoressa Tormenta.

Nel tavolo alle loro spalle, Martina e Giulia hanno sentito tutto, parola per parola.

Nella loro stanza, Giulia e Martina non hanno nessuna intenzione di dormire.

"Non sono tranquilla," dice Martina. "Queste strane creature fanno errori ridicoli, ma sono pericolose. Potrebbero davvero distruggere Grammaland e anche farci crollare in testa qualcosa."

"Da dove saranno saltate fuori?" chiede Giulia. "Qualcuno deve teleguidarle, mica sono alieni cacciati da un pianeta della galassia perché non hanno passato l'esame di italiano..."

"Secondo me, qualcuno vuole rovinare il professor Mangiafuoco..."

"Ha ragione la Tormenta, il professore dovrebbe chiamare la polizia. Rischiamo di andarci di mezzo noi. Non ho nessuna intenzione di farmi schiacciare da un mostro di lamiera."

Martina sta per abbassare la tapparella, e lo sguardo le cade sul muro dove era comparso il graffito sgrammaticato con il suo nome. Alla luce della luna che sta sorgendo la parete appare candida: del graffito non c'è più traccia.

"Giulia, secondo te Graffitonzo – l'ha chiamato così il cellulare gigante, vero? – si farà vivo anche stanotte?"

Giulia si avvicina alla finestra. "Quel muro bianco è molto invitante."

"E quel muro è proprio davanti alla nostra finestra, illuminato dalla luna e da quel lampione. Non credi che se vedessimo questo presunto Graffitonzo, e magari lo fotografassimo, potremmo aiutare Mangiafuoco a scoprire chi sono i suoi nemici?"

"Hai una macchina fotografica, vero?" chiede Giulia.

"Certo." Martina estrae dallo zainetto la sua fotocamera, piccola ma con uno zoom potente.

"E dovremmo stare qui tutta la notte ad aspettare uno che magari non arriva? Io muoio di sonno."

"Allora, tu ti riposi mentre io sto qui di vedetta: posso resistere per un'ora e mezzo. Poi ti sveglio e ci diamo il cambio. Facciamo turni di guardia per tutta la notte. Secondo me prima di domani mattina lo becchiamo."

Giulia ha l'aria perplessa. "Ma... E se... Va bene, proviamo. Io però adesso dormo. Sono le undici. Ci vediamo a mezzanotte e mezzo."

Martina sposta una poltroncina vicino alla finestra e, quando spegne la luce e si siede, con la macchina fotografica a tracolla, Giulia sta già dormendo. Nel giro di mezz'ora dalle altre stanze non vengono più né voci né rumori. Il silenzio della notte avvolge tutto, la palazzina dove alloggiano i ragazzi e le attrazioni di Grammaland. Martina sente le palpebre sempre più pesanti ma si stropiccia gli occhi, scatta qualche foto di prova, controlla l'inquadratura, si raddrizza sulla poltrona, mette le mani sul davanzale, ci posa sopra il mento e continua a vegliare, decisa a sorprendere Graffitonzo.

* * *

"Sveglia, Giulia, è mezzanotte e mezzo, tocca a te."

Giulia si guarda intorno, pare non rendersi conto di dove si trova, poi sbadiglia, solleva di scatto la schiena e farfuglia: "Passami la macchina fotografica, lo becco io quel tizio".

Martina si addormenta che ancora non ha toccato il letto. Giulia cerca nel buio una felpa, perché la notte autunnale è fredda, sprofonda nella poltrona, punta i gomiti sui braccioli, intreccia le dita e ci appoggia il mento. "Speriamo che si faccia vedere alla svelta," dice tra sé.

* * *

"Sono... le due..." mormora Giulia scuotendo Martina, e prima di aggiungere altro crolla sul suo letto. Martina si guarda intorno smarrita, afferra il piumone, lo trascina verso la poltrona e ci si raggomitola dentro. Davanti alla finestra il muro è sempre immacolato.

* * *

"Giulia... Giulia... Giulia!" Il sussurro di Martina diventa una specie di urlo soffocato. "Sono le tre e mezzo, tocca a te!"

Giulia ha gli occhi aperti ma il suo corpo sembra inerte. "Ancora... cinque... minutini..."

"Su, vuoi che Graffitonzo colpisca mentre te ne stai qui a poltrire? Avanti, tocca a te, prendi la macchina fotografica!"

Giulia avanza verso la poltrona con la lentezza di uno zombie.

"Ma chi me l'ha fatto fare?" sussurra. In lontananza si sente il verso di un cuculo.

* * *

Martina si rende conto che, oltre le sue palpebre chiuse, la luce si sta diffondendo nella stanza. Apre un occhio, poi l'altro. I raggi del sole entrano liberamente dalla finestra non schermata dalla tapparella. L'orologio sul comodino segna le sette e mezzo.

"Giulia!" grida Martina. "Perché non mi hai svegliata!?" Scende con un salto dal letto, vede l'amica addormentata in poltrona, corre alla finestra. Sul muro di fronte campeggia una scritta rossa.

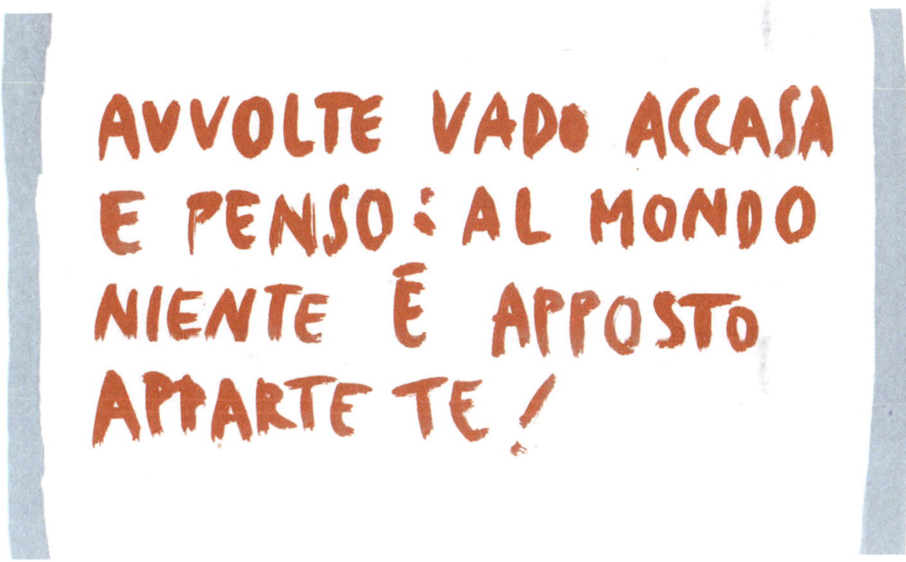

9. MALEFICHE DOPPIE E BOMBE Q

"Ieri mattina abbiamo fatto male a sottovalutare il graffito del *po'* senza apostrofo," dice il professor Mangiafuoco. Dev'essere arrivato di corsa davanti al muro imbrattato da Graffitonzo, perché si è chinato ad allacciarsi le stringhe delle scarpe e ha sbagliato ad abbottonarsi la camicia. I ragazzi che scendono per raggiungere la sala della colazione si fermano a osservare il nuovo sgorbio.

"Non posso permettere," grida Mangiafuoco, "che un malintenzionato venga qui, nel parco grammaticale a cui dedico tutte le mie energie, a sporcare muri e a diffondere dubbi!"

"Tutto questo non farà certo una buona impressione su chi dovrà giudicare se Grammaland è un luogo adatto alle gite scolastiche," osserva gelida la professoressa Tormenta, appena arrivata.

Mangiafuoco impallidisce. "Lo farò subito ridipingere... Intanto, anche la correzione di quell'obbrobrio potrebbe diventare un'utile attività didattica, no? Chi vuole provarci?"

"Lo faccio io," dice Martina, che ha un conto aperto con Graffitonzo. Afferra il barattolo della vernice bianca e il pennello e comincia a cancellare le lettere di troppo.

A VOLTE VADO A CASA E PENSO:

Poi si ferma e si rivolge a Mangiafuoco. “Perché è obbligatorio scrivere *fare apposta*, tutto attaccato e con la doppia P, e invece *sono apposto*, *tutto apposto*, *niente è apposto* è vietato? Qual è la logica?”

“Ecco i dubbi causati da quel Graffitonzo! La logica, la logica... La lingua non è sempre logica. La lingua dipende dall’uso. **Apposta** deriva dalla forma staccata, *a posta*, che ha lo stesso significato ma oggi non si usa più. Invece **a posto** va scritto staccato, perché *apposto* è solo il participio passato del verbo *apporre*: ‘Il presidente ha *apposto* la sua firma’. Lo stesso vale per **a fianco**: si dice ‘la casa **a fianco**’; *affianco* è solo voce del verbo *affiancare*, così come *accasa* è voce del verbo *accasare* e *avvolte* è il participio di *avvolgere*: si dice solo **a casa** e **a volte**. E naturalmente **a parte**: *apparte* non esiste proprio.”

“Quindi non c’è una vera ragione?” insiste Martina.

“Già: **apposta** va scritto tutto attaccato e **a posto** sempre staccato. È l’uso di oggi.”

Martina finisce di correggere.

AL MONDO NIENTE È A POSTO A PARTE TE!

“E se uno ha dei dubbi?” chiede Leo.

“Controlla sul vocabolario,” risponde la professoressa Tormenta. “Prima, però, facciamo colazione.”

* * *

“E adesso che siete sazi e pieni di energia, possiamo raggiungere una delle attrazioni per cui Grammaland è giustamente celebre,” proclama Mangiafuoco mentre guida i ragazzi lungo il viale centrale. “Il Parco Acquatico della Q, recentemente arricchito con due nuovi scivoli!”

“Evviva!” grida Marco. “Possiamo usarli? Ho il costume da bagno.”

“È una bella giornata di ottobre,” risponde la professoressa Tormenta, “ma questo non vuol dire che si possa fare il bagno. Proverete gli scivoli se tornerete in estate.”

Mentre Marco, deluso, alza gli occhi al cielo e i ragazzi stanno per superare il cancello, naturalmente a forma di Q, per visitare il laghetto a forma di Q, una musica sinistra riempie l’aria.

"È il tema della Morte Nera di *Star Wars*," dice Giulia. "Sta tornando l'odioso..."

Planando silenzioso sul suo hoverboard, il cellulare di tre metri sfila davanti alla piccola folla. Nel fumetto che occupa il centro dello schermo spicca una faccina sorridente.

Cucù! Oppure il verso del ququlo va scritto Quqù?

"Ci mancherebbe altro!" strilla Mangiafuoco.

"Il **cuculo** fa **cucù**, ovvio," dice Martina. "Ma come scrive questo?"

Sullo schermo gigante compare una faccina arrabbiata, seguita da un breve fumetto di testo.

Ehi, ragazzina, piano con le parole. Io non sono cuesto, sono Smarfonio!

"**Questo** si scrive con la Q, lo sanno anche i muri!" commenta Marco.

"Be', magari non proprio tutti i muri, visto quello che ci combina Graffitonzo," aggiunge Leo.

Avete proprio la fissa delle Q, eh? Allora vi dico che sono qui a risquotere il tributo dovuto al possente Smarfonio!

“Ma **riscuotere** non si scrive con la C, come **scuotere**? Me l’ha corretto sul quaderno la maestra,” dice Michi.

“Molto bene,” dice Mangiafuoco. “Così bisogna fare: imparare dai propri errori. Al contrario di un ignorantissimo telefono alto tre metri che non spiccica parola ma, quando scrive, riesce a sbagliare lo sbagliabile, anche se viene corretto ogni volta...”

“**Spiccica**? Non si dice *spiaccica*?” chiede Leo.

“Be’, lui di sicuro può *spiaccicarti*, ma le parole si **spiccicano**. Vai a controllare sul vocabolario che trovi in camera tua.”

Basta chiacchiere!
Se non risquoto perquoto!

Mentre i ragazzi correggono in coro Smarfonio (“Con la C: **riscuoto** e **percuoto** vogliono la C!”), il telefono sembra scrollare le spalle (ammesso che i cellulari possano scrollare le spalle) mentre dall’alto, da quella che potreb-

be essere l'uscita audio per le cuffiette, escono due grosse bombe a forma di Q che volano in alto e poi precipitano andando a esplodere nel laghetto. Dopo il botto si sollevano due colonne d'acqua.

"Ma... ma..." balbetta Mangiafuoco. "Il mio Parco Acquatico, i miei nuovi scivoli!"

Cuante storie. Ne acuisterai di nuovi!

"Con la Q!" grida Alina. "**Quante** storie con la Q, e **acquisterai** col CQ!"

"E a proposito di Q, lì dentro c'è il nostro squalo!" Il mormorio di Mangiafuoco è diventato un urlo. "È una specie protetta, non puoi fargli piovere bombe sulla testa!"

Andiamo a squoiare lo squalo! Lo mandiamo in Equador a vedere l'Ecuatore!

"**Scuoiare** viene da *cuoio*, vero?" chiede Leo. "Quindi si scriverà con la C. Mentre **Equatore** vuole la Q."

"Invece **Ecuador** ha la C, perché in spagnolo si scrive così," dice Raúl, un altro ragazzo di quinta. "Lo so perché i miei genitori vengono proprio dall'**Ecuador**."

E allora lo mandiamo in Quatar!

"No. **Qatar**, senza U," dice Mangiafuoco con un sospiro.

"Ma in italiano la Q è sempre seguita dalla U..." dice Michi.

"Appunto, in italiano," spiega Mangiafuoco. "**Qatar** è il nome di uno stato arabo, e nelle parole arabe scritte nel nostro alfabeto la Q può essere seguita anche da altre vocali senza la U, oppure può andare in fine di parola, come in Iraq."

Gli abitanti dell'Iraq infatti si chiamano iraqeni

"Non diciamo scempiaggini," sbraita Mangiafuoco. "Si chiamano **iracheni**, perché i derivati italiani delle parole straniere di solito si adattano alle nostre regole ortografiche."

Ma, mentre il professore spiega le regole delle parole derivate, Smarfonio spara altre due bombe verso il laghetto della Q. Lo schianto è assordante.

"Professor Mangiafuoco," sibila la professoressa Tormenta, "lei non è in grado di garantire un minimo di sicurezza in questo luogo!"

Il professor Mangiafuoco dovrà fare qualche collocquio per trovare un posto da aiutante in un parco grammaticale più serio

"Vado io a fare un **colloquio** – senza C! – in un parco grammaticale più serio!" Un giovane uomo vestito da bagnino, l'animatore del Parco Acquatico della Q, esce a grandi passi dal cancello principale con un borsone a tracolla. Ha gli abiti gocciolanti e sbaffi neri sul viso e sulle braccia. "Queste... queste maledette bombe hanno devastato il laghetto. Hanno ribaltato uno dei nuovi scivoli, hanno bucherellato le ninfee, e lo squalo, il nostro povero squalo, sempre allegro, sempre felice di addentare i ragazzi che sbagliano le Q, si è chiuso da solo dentro la gabbia e non vuole saperne di uscire! Trema tutto! È quasi morto di paura! Se ha paura uno squalo, cosa dovrei dire io? Me ne vado! Addio!"

"No, bagnino, non abbandonarmi anche tu..." mormora Mangiafuoco. Pensa di rincorrerlo, poi si lancia verso il Parco Acquatico, seguito dai ragazzi.

Il bagnino aveva ragione. Ci vorranno mesi per rimettere tutto a posto.

"Smarfonio, razza di delinquente!" grida Mangiafuoco levando un pugno al cielo. "Delinquente con la Q!"

10.
VERE BESTIALITÀ

Dall'esterno del Parco Acquatico proviene un colpo sordo, seguito da un sibilo.

"Attenti! Arriva un'altra bomba!" grida la professoressa Tormenta.

Questa volta, la bomba ha una specie di coda: sembra uno di quegli striscioni pubblicitari attaccati agli aerei che d'estate sorvolano le spiagge, ma la scritta non è una pubblicità.

Bomba e striscione precipitano nell'acqua, sollevando un'ondata che si abbatte sul bordo del laghetto dove si trovano i ragazzi. Tutti fanno un salto indietro per evitare di essere inondati e se la cavano con qualche schizzo, tranne Marco che si ritrova con la felpa fradicia.

"Naturalmente, Mangiafuoco testa **quadra** con

la Q," dice la professoressa Tormenta. "Scusi, professore, non volevo offenderla. Correggevo solo lo striscione."

"Certo, certo, ha fatto bene," borbotta Mangiafuoco, ma si capisce che non è troppo contento. Poi si accorge dello stato in cui si trova Marco. "Ehi, ragazzo mio, già le cose vanno male, ma se un ospite di Grammaland si piglia una polmonite mi fanno chiudere baracca e burattini. Presto, vieni con me."

Seguito da Marco, il professore raggiunge il seggiolone su cui, finché c'era, sedeva il bagnino e apre una specie di cassapanca. "Asciugati," dice a Marco porgendogli un telo, "e poi metti questa roba."

Marco si toglie felpa e maglietta, comincia a strofinarsi, e subito si sente un rumore di ruote e ingranaggi in avvicinamento mentre piovono volantini tutti uguali.

Vietato stare ad orso nudo!

"Cosa c'entrano gli orsi?" chiede Leo raccogliendo un volantino.

"Qui c'è lo zampino di Straphalkion," dice Martina.

E infatti compaiono prima una serie di sbuffi di vapore e poi il mostro di lamiera, che sforna a mitraglia un'altra ventata di fogli colorati.

Scusate, volevo dire:
Vietato stare a d'orso nudo!

"E cosa c'entra l'apostrofo?" dice Giulia. "Sembra uno strafalcione di Smarfonio!"

Quante storie per un errore di battitura:
Vietato stare a dorso nudo!

"Al terzo tentativo ce l'ha fatta," commenta Marco, che nel frattempo ha infilato la maglietta e la felpa da bagnino, con l'immagine di uno squalo al centro di una Q.

"No, no e poi no!" grida Mangiafuoco. Se avesse le mani abbastanza grandi salterebbe al collo del mostro per strozzarlo. "Si dice **torso**! A **torso** nudo! Il *dorso* è la schiena, e infatti quando nuotate a dorso procedete con la schiena contro l'acqua. Il **torso** invece è la parte del corpo che va dalla cintola al collo, davanti e dietro, braccia escluse: il tronco, insomma. Bisogna dire **a torso nudo**!"

Perfino Straphalkion sembra intimidito dalla sfuriata del professore. I suoi ingranaggi si fermano per un attimo, poi sputano fuori un unico volantino.

Su, non faccia così,
non dia in effervescenze

"Cosa vuol dire?" chiede Michi.

"Io lo so cosa *vorrebbe* dire, solo che lo dice male," borbotta Mangiafuoco. "Aspettate, ho un'idea: qui ci vuole lo strumento giusto." Corre di nuovo alla cassapanca, torna con un librone consumato dall'uso e lo porge a Michi. "Cerca sul vocabolario la parola 'effervescenza'."

"Qui dice: 'sviluppo rapido di bollicine di gas da un liquido'."

"Appunto: avete presente l'acqua effervescente, oppure le pastiglie che si sciolgono nell'acqua e cominciano a fare le bollicine? Poi il dizionario dà qualche altro significato?" chiede Mangiafuoco.

"Sì, qui dice che vuol dire anche 'vivacità, brio, agitazione di più persone'," continua a leggere Michi.

"Questi sono i significati figurati. Ma lo strafalcionico Straphalkion intendeva un'altra cosa. Avrebbe dovuto scrivere 'non dia in **escandescenze**'."

"Cioè?" chiede Alina.

"Prendi il vocabolario e cerca la parola 'escandescenza'."

Alina sfoglia il librone e trova finalmente la parola giusta. "Qui comincia con alcune parole abbreviate fra parentesi, 'spec. al pl.': cosa vuol dire?"

"'Specialmente al plurale', perché appunto si dice 'dare in escandescenze'. Leggi la definizione."

"Allora: 'impeto improvviso d'ira accompagnato da atti e parole violenti'."

"Quindi è un po' come dare fuori di matto," dice Leo.

"Quello che faccio io quando vedo obbrobri simili, appunto," conferma Mangiafuoco. "La parola viene da un verbo latino che significa 'infiammarsi', o meglio 'diventare completamente bianco', come un pezzo di ferro che scaldandosi diventa sempre più luminoso. Chi dà **in escandescenze** – non *in effervescenze*! – si scalda fino a prender fuoco."

Straphalkion, intanto, macina altri fogli.

È inutile: noi e voi saremo sempre agli antilopi

"*Antilope* è femminile, però," dice Giulia. "E soprattutto: cosa vuol dire?"

"Vuol dire che ha sbagliato ancora una volta," esplode Mangiafuoco. "Noi siamo **agli antipodi**, Straphalkion, siamo su due punti

opposti rispetto al centro della terra, come l'Italia e la Nuova Zelanda, siamo su posizioni diversissime, non abbiamo niente in comune."

Il mostro di lamiera comincia a vibrare, ha un'aria sempre più minacciosa, gli ingranaggi sferragliano, la caldaia va in pressione. La stampante sforna un unico foglio, che cade lentamente, ondeggiando, fino a terra.

NOI
arriveremo
a flotte

"Cosa intende per *noi*?" chiede Martina. "E arriveranno su *flotte* di barchette di carta che attraverseranno il laghetto della Q?"

"Non ne azzecca una, è inutile," commenta Mangiafuoco scrollando la testa. "Si dice **a frotte**, con la R, e significa 'a gruppi numerosi'. E sapete una cosa buffa? *Flotta* e *frotta* in origine erano la stessa parola, ma oggi in italiano *flotta* vuol dire 'insieme di navi o di aerei o di veicoli', e *frotta* 'gruppo di uomini o di animali'."

Dalla ciminiera di Straphalkion esce un getto sibilante di vapore, mentre la stampante rovescia sui ragazzi una miriade di volantini.

Appunto, è uguale:
e VOI dormirete alla ghiaccio

"Questa non l'ho capita," dice Michi.

Il solito apostrofo, scusate l'errore:
VOI dormirete all'agghiaccio

"Ah, adesso è chiaro: noi dormiremo fuori, al freddo, al gelo..."

"Ma neanche per idea," strilla Mangiafuoco. "Non solo perché io non tollererò mai una cosa del genere, dato che, come ho già detto, non posso permettere che qualcuno si pigli una polmonite; ma soprattutto perché si dice **all'addiaccio**. L'addiaccio non è neanche parente del ghiaccio: come vi spiega il vocabolario, viene dal verbo latino *adiacere* (con l'accento sulla prima E), che vuol dire 'giacere, stare vicini', e indica il recinto all'aperto dove sosta il bestiame durante la notte. Quindi 'dormire all'addiaccio' significa dormire all'aperto, senza un tetto sulla testa."

"Quindi al freddo e al gelo," insiste Michi.

"Certo, ma si può dire solo **all'addiaccio**. *Alla ghiaccio* o *all'agghiaccio* sono degli strafalcioni bestiali, anzi agghiaccianti."

Straphalkion si volta di scatto, come se fosse mortalmente offeso. Dopo un sussulto, riparte a tutto vapore: estende di scatto la proboscide a forma di tromba, che aveva usato nel Padiglione delle Pronunce Sbagliate, e abbatte a casaccio una fila di lampioni mentre spara note acutissime.

"E ancora non avete incontrato il Temibile Temistocle," dice con la solita voce gracchiante mentre si allontana.

11. VERBI MASSACRATI

“Ci mancava pure il Temibile Temistocle,” dice Martina a tavola, durante il pranzo.

“A me però Grammaland piace,” commenta Marco. “È molto più emozionante di quello che mi aspettavo. È... è... una specie di film d’azione.”

“Un film catastrofico, direi,” aggiunge Giulia. “Alla fine potremmo scoprire che il titolo è *Fuga da Grammaland*.”

“E speriamo che durante la fuga non ci caschi in testa qualcosa,” aggiunge Leo.

“Se è un film d’azione,” dice Martina, “mi piacerebbe che toccasse a noi salvare Grammaland.”

* * *

Sono già passate le quattro del pomeriggio e i ragazzi sono ancora nelle sale accanto alla mensa, a giocare a ping-pong e con flipper e biliardini, a leggere libri e giornali, ad ascoltare musica.

“Ma non è ora di visitare qualche attrazione?” chiede Leo.

“Forse qualcuno pensa che qui siamo al sicuro...” risponde Giulia.

“Sarà un’ora che Mangiafuoco sta discutendo con la prof e i due maestri,” dice Martina indicando i quattro adulti seduti attorno a un tavolino d’angolo.

Proprio in quel momento Mangiafuoco si alza, batte le mani e annuncia: “Ecco, siamo pronti, possiamo andare, le più celebri attrazioni di Grammaland aspettano proprio voi”. La sua voce, però, non trasmette il solito entusiasmo e, mentre guida i ragazzi lungo il viale principale, il professore si guarda in continuazione attorno con aria preoccupata.

“Il vero vanto di Grammaland, i luoghi speciali che il mondo ci invidia e di cui sono particolarmente orgoglioso,” continua, “non possono essere che l’Inferno dei Verbi Irregolari, in cui l’animatore è ovviamente Dante, e il Tunnel degli Orrori di Congiuntivik.” Il suo sorriso vorrebbe essere minaccioso, ma è soltanto tirato. “Li visiteremo uno dopo l’altro e vi auguro di dimostrarvi all’altezza delle provc che vi attendono. Venite, dietro quest’angolo vi appariranno in tutto il loro splendore.”

Ma, arrivato alla curva a gomito, il professore, che cammina tre metri avanti agli altri, si blocca con un sussulto. Quando i ragazzi lo raggiungono, si accorgono che al centro della strada c’è un nuovo essere, anche lui alto più di tre metri, che ha l’aspetto di un enorme foglio protocollo a righe.

“E... e questo chi è?” balbetta Mangiafuoco.

“Il Temibile Temistocle!” gridano insieme Martina e Giulia.

“Proprio così,” conferma il foglio protocollo gi-

gante, in cima al quale si intravedono due occhi minuscoli e una bocca larga che sembrano disegnati a matita. "E sono qui per insegnarvi a fare quella cosa estremamente temibile che sono i temi, o i testi, chiamateli come vi pare. Senza di me non lo impareresti certo, qui, in questa ridicola imitazione di un parco dei divertimenti."

"Ehi, come ti permetti? Chi sei tu per disprezzare l'efficacia didattica di Grammaland?" domanda il professor Mangiafuoco.

"Zitto, Sparafuoco, Coprifuoco, Sottocuoco o come diavolo ti chiami. Scrivere non è certo un gioco da ragazzi!"

"Questo lo dici tu. Io invece ritengo..."

"Avanti, ragazzi, cercate di stare attenti," riprende impassibile il Temibile Temistocle. Ai due lati dell'essere sono attaccati due bracci meccanici lunghi e sottili, uno dei quali impugna una penna stilografica grande come una pompa da bicicletta. "Una cosa importante, quando si scrive un tema, è non sbagliare i congiuntivi."

"Appunto!" grida Mangiafuoco. "Togliti di lì: ci aspetta Congiuntivik."

"Congiuntivik è il passato, il Temibile Temistocle è il futuro. E comunque, se uno prova a oltrepassarmi lo spiaccico, quindi regolatevi. Su, cominciamo."

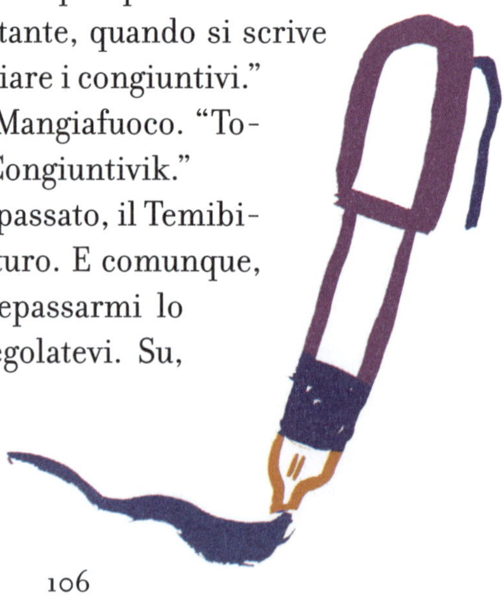

Il braccio sinistro si mette a scrivere con la stilografica sul foglio protocollo a righe.

È importante che i giovani non cadino in errore

"Misericordia!" Mangiafuoco comincia a tossire, come se gli fosse andato di traverso qualcosa.

e vadino in cerca di bravi maestri.

Michi scoppia a ridere. "Perfino io so che *cadino* e *vadino* sono forme sbagliate. Si dice **cadano** e **vadano**, vero, maestra?"

"Proprio così," risponde la maestra Tuttifrutti.

"Il Temibile Temistocle deve essere parente di Straphalkion," dice Alina.

"Cosa c'entra mio cugino?" chiede il foglio protocollo, che poi riprende a scrivere.

È bello andare d'accordo tra parenti.
È una cosa quasi commuovente.

"Qui il Temibile Temistocle ha ragione," dice Marco. "Anch'io mi commuovo quando penso all'affetto dei miei cugini e della mia famiglia in generale."

"Altro che commuoversi, qui c'è da piangere," dice con un filo di voce Mangiafuoco. "L'aggettivo e participio non vuole la U: si può dire solo **commovente**!"

"Sei un cuore di pietra, Sputafuoco." La stilografica riprende a scrivere.

Non hai rispetto per i sentimenti.
Vuoi che muoro?

Marco scoppia a ridere. "Sembra il giudice di *Masterkuok*! Si dice *muoio*, non *muoro*."

"Un momento!" A parlare è un uomo alto e magro che indossa una calzamaglia nera, ha una grossa C dorata sul petto e porta una mascherina sugli occhi. "D'accordo, il verbo *morire* è irregolare e il presente indicativo fa **muoio**, non *muoro*. Ma dopo il verbo *volere* ci vuole il congiuntivo: quindi 'Vuoi che **muoia**', prima persona del congiuntivo presente di *morire*."

Un mormorio attraversa la folla dei ragazzi: "È sicuramente Congiuntivik!". Poco distante, infatti, si intravede una specie di casa stregata sormontata dalla scritta TUNNEL DEGLI ORRORI.

"Ehi, tu, con quella ridicola tutina nera, come osi contraddirmi?" Il braccio sinistro del Temibile Temistocle punta la stilografica contro Congiuntivik, mentre il destro dà una specie di colpo di pompa: un getto d'inchiostro lo colpisce in pieno e lo lascia gocciolante. Qualche schizzo colpisce anche i ragazzi più vicini.

"Un'altra cosa importante e difficile dei temi sono i passati remoti," riprende Temistocle. "Nel parlato si usano sempre meno, e proprio per questo è facile sbagliarli quando dobbiamo scrivere. Cercate di stare attenti."

Grazie alla scuola dell'obbligo, in Europa crescette ovunque il livello culturale della popolazione e si riducette l'analfabetismo.

"Be', evidentemente non dappertutto," dice Leo scoppiando a ridere.

"Il passato remoto di *crescere* è **crebbe**, e quello di *ridurre* **ridusse**," interviene Giulia.

Dopo la condanna a morte, Dante debbe rinunciare per sempre a tornare a Firenze.

"Ma cosa mi tocca sentire!" A parlare stavolta è un personaggio con una palandrana e una corona d'alloro intorno alla testa, coperta da una specie di cuffia. "Il passato remoto di *dovere* non è *debbe*, è **dovette**! Un po' di rispetto per la grammatica, perbacco, soprattutto quando si parla di me!"

"Caro Dante," esclama Mangiafuoco, "questo Temistocle dovrebbe fare un giro nel tuo Inferno dei Verbi Irregolari. Vediamo se farà ancora il gradasso dopo aver assaggiato i tuoi fiumi di lava!"

Il Temibile Temistocle non si degna di rispondere. Punta di nuovo la stilografica e investe con una secchiata d'inchiostro l'animatore vestito come Dante. "C'è qualcun altro che vuole assaggiare i *miei* fiumi d'inchiostro?" sibila la bocca in cima al foglio protocollo.

Tutti scappano a gambe levate.

12. PREPARATIVI PER LA BATTAGLIA

"Presto, raggiungiamo la sala mensa!" grida Mangiafuoco. "Lì saremo al sicuro e decideremo cosa fare."

Però i primi che ci arrivano, dopo aver percorso il lungo viale centrale, sono costretti a frenare bruscamente: le porte a vetri sono pattugliate da Smarfonio e Straphalkion che, come sentinelle, sfilano avanti e indietro. Sullo schermo di Smarfonio compaiono file di icone minacciose, mentre Straphalkion non ha più la proboscide-tromba ma fa oscillare un'enorme palla d'acciaio appesa a una catena.

"Ehm, ho l'impressione che non vogliano farci entrare," dice Marco.

Quando arrivano anche il professor Mangiafuoco e gli insegnanti, Straphalkion comincia a far roteare la palla sopra la testa.

"Via di qui, tutti nel mio studio!" dice Mangiafuoco quasi senza fiato, e si getta nella direzione opposta, seguito dagli altri.

* * *

Il professor Mangiafuoco è in piedi – immobile, impietrito – davanti alla finestra del suo studio. "È finita, è finita..." mormora, e si nasconde la faccia tra le mani. Dante e Congiuntivik, ancora sporchi d'inchiostro, hanno appena annunciato che non si sarebbero fermati un minuto di più a Grammaland e si sono allontanati verso il cancello d'ingresso, come hanno fatto il bagnino e il direttore d'orchestra, e come – lo vede ora dalla finestra – stanno facendo Tacalahaka, l'astronauta e gli altri animatori. Smarfonio e il Temibile Temistocle sono adesso davanti alla porta sbarrata dello studio, mentre Straphalkion si aggira per Grammaland con la sua palla da demolizione: ogni tanto uno schianto e una nuvola di polvere annunciano che un'altra attrazione è stata distrutta.

"Basta, dovrò chiudere, non c'è altro da fare," sussurra Mangiafuoco, ormai sull'orlo delle lacrime. I ragazzi tentano di consolarlo e di convincerlo che non tutto è perduto, ma lui è irremovibile. "Resistere può essere troppo pericoloso: non voglio che corriate rischi inutili. Rassegniamoci: Grammaland scomparirà."

Dopo un lungo silenzio di tomba, interrotto solo da boati sparsi, Mangiafuoco mormora qualcosa come "Anche se...", poi tace, scuote la testa e torna a nascondere la faccia tra le mani.

"Anche se...?" insiste Martina.

"Niente, niente, è un'assurdità..."

"Cioè?" insiste Leo.

"È un'idea che mi ha attraversato il cervello," dice quasi tra sé Mangiafuoco, "ma non ha senso..."

"Be', adesso deve dircela," insiste anche la professoressa Tormenta. "Qualunque cosa ha più senso che starsene qui barricati mentre tre ignorantissimi mostri ci girano intorno e devastano Grammaland."

Mangiafuoco scuote di nuovo la testa, come se si fosse pentito di essersi lasciato sfuggire quelle parole. Poi alza gli occhi al cielo, tira il fiato e comincia. "L'idea balzana che mi è venuta in mente è che forse potremmo, ehm, sfidare queste creature e dire: se noi vi dimostriamo che sappiamo correggere tutti i vostri errori, che i vostri strafalcioni non riescono a confonderci, se vi sconfiggiamo in una specie di duello, allora voi ve ne andate. Se invece non ce la facciamo, basta, mi dichiaro sconfitto e abbandono per sempre Grammaland."

"E perché dovrebbero accettare?" chiede la professoressa Tormenta.

"Perché sono così stupidi da credere di poter vincere facilmente."

"Sì, facciamolo, presto," gridano alcuni ragazzi. Anche i maestri Grancassa e Tuttifrutti sono d'accordo. Mangiafuoco sembra ancora indeciso, poi finalmente apre la finestra e richiama l'attenzione dei mostri, che si sono riuniti poco distante.

"Mostri, noi vi sfidiamo!" grida Mangiafuoco. "Venite qui a presentarci i vostri obbrobri: se sapremo correggerli tutti, voi ve ne andrete e ci lascerete in pace. Se invece non ce la faremo, sarò io a lasciare Grammaland nelle vostre mani, ammesso che le abbiate."

I mostri restano fermi per qualche istante, poi si riuniscono in un capannello a discutere. Sullo schermo di Smarfonio sfila una serie di punti interrogativi.

"Ma decideranno loro oppure quello o quelli che li comandano da lontano?" chiede Leo.

Alla fine la riunione si scioglie, ed è il Temibile Temistocle ad avvicinarsi alla finestra.

"D'accordo, accettiamo la sfida," dice, "ma a una condizione."

"Quale?"

"Che a sfidarci siano solo i ragazzi, senza l'aiuto tuo o degli insegnanti."

"Cosa? Neanche per idea," risponde Mangiafuoco facendo cenno di no con un dito. "Troppo pericoloso."

"Non torceremo un capello a nessuno, parola di mostro," assicura il Temibile Temistocle.

"No. Lo ripeto, è troppo pericoloso."

"Hai paura, Parafuoco?"

"Su, professore, si fidi di noi, non la deluderemo," dice Martina.

"Be', se non vi va bene, Straphalkion sa cosa fare," dice Temistocle voltandosi. Straphalkion dà uno strattone alla catena e torna a far oscillare la grossa palla d'acciaio.

"Professore, è la sua unica possibilità," lo supplica Leo. "Altrimenti tutto il suo lavoro andrà in fumo."

“Professoressa Tormenta, glielo dica anche lei di lasciarci provare,” insiste Giulia.

“Be’, non abbiamo scelta…” dice la professoressa.

“I ragazzi mi sembrano anche abbastanza preparati,” aggiunge il maestro Grancassa.

Mangiafuoco non sa cosa fare. Posa lo sguardo sui ragazzi, sugli insegnanti, sui mostri, sulle rovine di Grammaland, di nuovo sui ragazzi. Apre la bocca, la richiude.

“Già: non ho scelta,” mormora. Poi si affaccia alla finestra. “D’accordo, i ragazzi sono pronti a sfidarvi.”

“Bene,” dice Temistocle con una specie di ghigno. “Allora ci vediamo domani. Adesso andate pure in mensa e poi a dormire. Così non potrete dire di aver perso perché eravate stanchi e affamati.” Insieme a Smarfonio e Straphalkion va verso il viale centrale. “A domattina. Ci faremo vivi noi.”

13. LA SFIDA COMINCIA

La mano impugna un pennello, lo immerge nella vernice rossa e poi si arrampica sulla parete bianca, come se avesse piccole ventose alla base del polso, che non è attaccato a nessun avambraccio. Si muove da sola, con agilità, e quando raggiunge il bordo del muro comincia a scrivere.

OGNIUNO CHE DA

I ragazzi la osservano, ipnotizzati. Quando, appena svegli, hanno aperto le finestre o sono scesi per raggiungere la sala della colazione, si sono meravigliati di vedere il solito muro ancora intatto. Qualcuno ha perfino sperato che, per qualche misteriosa ragione, i mostri avessero cambiato idea, rinunciando alla battaglia da cui dipenderà il destino di Grammaland. Poi, all'improvviso, è comparsa lei.

"Quindi Graffitonzo è una specie di Mano della famiglia Addams," dice Leo. "Però per spostarsi non usa le punte delle dita."

"Si muove come se fosse... sì, un cobra. Mi fa quasi paura," dice Giulia.

"Però le cose che scrive di paura ne fanno davvero poca," interviene Alina. "Sarà la prima prova della sfida?"

"Spero proprio di sì," risponde Martina mentre osserva sorridendo la lunga scritta che prende forma sotto gli occhi dei ragazzi.

Ogniuno che da in mano una scolaresca ha Magnafuoco he un bel ignorante. Lui non fà niente per la sicurezza dei ragazzi perché non liene importa niente. Se non lo capite siete dei bei asini anche voi!

"Sì, cominceremo da qui, immagino," dice Leo che si è voltato quando ha sentito un rumore sferragliante di lamiere. Smarfonio, Straphalkion e il Temibile Temistocle stanno prendendo posto accanto al muro e proiettano le loro lunghe ombre sulla folla di ragazzi. È una bellissima mattina d'ottobre, le prime foglie gialle si stagliano sul cielo blu senza una nuvola, c'è un venticello frizzante: il tempo ideale per un duello all'ultimo sangue.

"Ragazzi, mi raccomando," dice Mangiafuoco, appena arrivato insieme alla professoressa Tormenta e ai due maestri, "state tranquilli, fate attenzione e correggete tutti gli errori. Che la sfida abbia inizio!"

I mostri restano in silenzio. Sullo schermo di Smarfonio però compare una scritta:

Noi siamo 4. Formate anche voi
una scuadra da 4

"Dobbiamo correggere anche questo errore?" chiede Martina. "Smarfonio, testa quadra, **squadra** si scrive con la Q..."

Dopo una breve consultazione, i ragazzi scelgono Martina, Giulia, Alina e Leo: sono loro i campioni che dovranno difendere Grammaland. "Siamo pronti," dicono.

"Ragazzi, dateci dentro!" grida la professoressa Tormenta, ma più che un grido è il ruggito di una belva feroce. "Spazzate via questi orrendi strafalcioni!" Si accorge che tutti la fissano sbalorditi, arrossisce, si sistema spilla e foulard, e torna ad avere l'aria tranquilla ed elegante di sempre.

"Comincio io," dice Martina. "**Ognuno** si scrive senza I: è composto da *ogni* e *uno*, ma quando si uniscono la I cade. E naturalmente la terza persona del presente indicativo del verbo *dare* si scrive con l'accento, **dà**, mentre quella del verbo *fare* l'accento non lo vuole: **fa**."

"Benone, Martina," dice Mangiafuoco, che ha un'aria un po' meno preoccupata.

Per ogni correzione proposta, la mano provvede a sistemare usando due pennelli: uno per la vernice bianca e l'altro per quella rossa.

"Continuo io," interviene Leo. "Quell'*ha* non è un verbo, è... cioè... Sì, è la preposizione **a**; e cos'è quello sgorbio, *he*? Ah, Graffitonzo ha pensato di mettere la H davanti alla E perché è voce del verbo *essere*? Ma è *essere*, mica *avere*: ci vuole l'accento, **è**!"

"Guarda che hai saltato un errore," dice Alina. "Non ti sei accorto che c'è scritto *Magnafuoco* invece di **Mangiafuoco**."

"Meno male che ci sei tu, Alina," dice il titolare del nome.

"Poi ha scritto *liene* invece di **gliene**: non **gliene** importa niente," va avanti a correggere Giulia.

"Benissimo," dice Mangiafuoco. "E poi?"

"E poi cosa?" chiede Leo.

"Be'..."

"Tocca ai ragazzi!" sibila minacciosa la voce di Temistocle. "Sono loro i campioni di Grammaland, no? Non vale suggerire."

"Ah, certo!" dice subito Martina. "Non si dice *bel ignorante* o *bei asini*: al singolare l'aggettivo *bello* davanti a una vocale si apostrofa, **bell'***ignorante*, e anche al plurale fa come l'articolo: quindi **bei** *cani*, **bei** *somari* ma **begli** *asini* e **begli** *stupidi*."

"A proposito di *bei somari* e *begli stupidi*, avete capito, Temistocle e compagnia?" dice Mangiafuoco battendo le mani. "E io non ho suggerito un bel niente."

Ormai la mano ha finito di correggere la scritta sul muro.

Ognuno che dà in mano una scolaresca a Mangiafuoco è un bell'ignorante. Lui non fa niente per la sicurezza dei ragazzi perché non gliene importa niente. Se non lo capite siete dei begli asini anche voi!

"Però," dice Mangiafuoco, "forse si può migliorare ancora. Questi teppisti non padroneggiano le finezze dell'italiano."

È Alina a intervenire per prima. "Forse *Ognuno che dà* non suona bene. Sarebbe meglio dire '**Chiunque dia** in mano una scolaresca' eccetera."

"Proprio così!" conferma la maestra Tuttifrutti, orgogliosa della sua alunna.

"E con questo," conclude Mangiafuoco, "direi proprio che la prima prova l'abbiamo vinta a mani basse. Chiaro, Graffitonzo?"

La mano aggiunge anche l'ultima correzione.

Chiunque dia
~~Ognuno che dà~~

Poi afferra una bandierina bianca raccolta chissà dove e la agita in segno di resa.

"Adesso però Graffitonzo, questa creatura, questa mano, fa il santo piacere di imbiancare perfettamente il muro!" dice Mangiafuoco, seccato. "D'accordo, gli errori sono stati corretti, ma quegli insulti vanno cancellati!"

La mano fa un gesto interrogativo, come se chiedesse ai mostri ben più grandi di lei se deve obbedire o no. Evidentemente le rispondono di sì, perché si avvia, con un'aria non molto entusiasta, verso il secchio della vernice bianca, afferra una pennellessa e si mette a coprire la frase in rosso.

"Mi raccomando, almeno due mani, anzi meglio tre," dice Mangiafuoco.

La mano lascia cadere il pennello, unisce le punte delle dita, si muove su e giù come per chiedere "Be'?", si stringe a pugno e alza solo l'indice. Ma io sono solo una, sembra voler dire.

14. NEL GRANDE ANFITEATRO

"Non sarebbe il caso di continuare in un luogo un po' più dignitoso di uno spiazzo davanti a un muro?" chiede il Temibile Temistocle. "In uno scenario più adatto a una sfida che deciderà la sorte di Grammaland, voglio dire. Certo, non so se c'è un posto del genere in un parchetto di provincia come questo..."

"Certo che c'è," risponde Mangiafuoco, offeso. "Ho appena fatto costruire il Grande Anfiteatro per ospitare le feste di fine soggiorno e i grandi spettacoli come *La Bella e l'Avverbio*, *Gli Invariabili*, *I Predatori del passato remoto*, *007 Complemento di agente* e i molti altri che ho intenzione di produrre. O forse dovrei dire che *avevo* intenzione di produrre, prima che ci fosse questa invasione..."

Così, tutti si trasferiscono nel Grande Anfiteatro: Giulia, Alina, Martina, Leo e i tre mostri – poi raggiunti dalla mano-Graffitonzo – sul palco al centro, gli altri ragazzi, gli insegnanti e Mangiafuoco seduti sulle gradinate.

Tocca a Smarfonio farsi avanti. Sullo schermo gigante compare uno dei soliti fumetti da chat.

Mangiafuoco ha propio ragione a vantarsi di questo anfiteatro. Peccato che tra poco non sarà più il propietario di Grammaland

"Ma come fai a non sapere che in **proprio** ci sono, oltre che due P, due R?" chiede meravigliata Alina. "E lo stesso vale per **proprietario**, dove di R ce ne vogliono tre. *Propio* e *propietario* sono sbagliati: te li sottolinea in rosso anche il correttore ortografico, Smarfonio. Sta' più attento!"

Il cellulare gigante esita, come se l'errore l'avesse messo in imbarazzo. Poi compare un nuovo messaggio.

Comunque teniamo sempre noi il cortello dalla parte del manico

"Neanche per sogno," dice Giulia. "Semmai sarà un **coltello**, con la L, non con la R."

Smarfonio è perplesso. Si gratterebbe la testa, se avesse testa e mani.

Sbagliare è facile, pultroppo

"Non ne azzecca proprio una, poveretto," dice Leo, quasi dispiaciuto. "**Purtroppo**, con la R, non con la L!"

Sullo schermo di Smarfonio scorre una serie di faccine infuriate.

Insomma, se non metto niente ci vuole una R, se metto una R ci va una L, se metto una L volete la R: decidetevi!

Sullo schermo resta solo una faccina che piange, e Smarfonio si tira indietro, abbandonando il centro del palco.

"Anche questa è vinta!" grida Mangiafuoco tra gli applausi e le urla del pubblico. "Cominciate ad aver paura, eh, mostri? Sotto a chi tocca!"

È Straphalkion a farsi avanti con gran rumore di ingranaggi e alti sbuffi di vapore. La stampante incorporata sputa fuori manciate di volantini.

Noi siamo tranquillissimi. Sappiamo che prima o poi salterà fuori la vostra ignoranza grassa.

"Maleducato!" dice Giulia. "Oltre tutto, mi pare

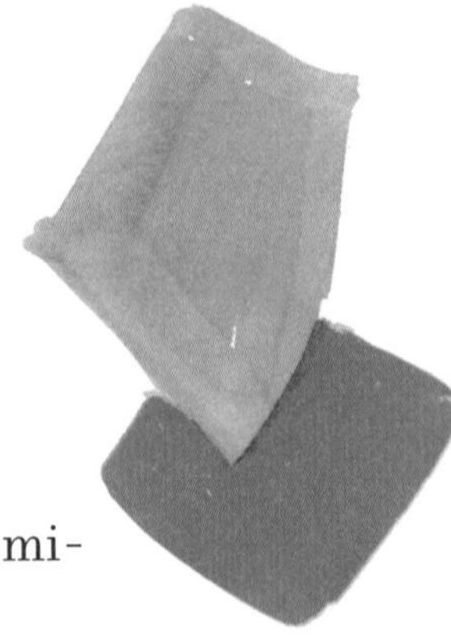

che per ora la figura degli ignoranti non la facciamo certo noi."

I ragazzi restano in silenzio, come se aspettassero il nuovo foglio stampato da Straphalkion.

"A posto così?" chiede il Temibile Temistocle. "Andiamo avanti?"

"Be', non mi sembra di vedere errori di ortografia," dice Giulia. "Il futuro dopo *sappiamo che* è giusto, è un po' strano dire che l'ignoranza è *grassa* ma vorrà dire che è molto grossa, no?"

Il professor Mangiafuoco si mette a tossire e a roteare gli occhi.

"Un momento," interviene Martina. "Quest'espressione non mi è nuova. L'ha usata qualcuno, proprio qui... Ah, sì: il direttore d'orchestra! Lui però aveva detto 'ignoranza **crassa**', non *grassa*. Infatti mi era sembrato strano, quell'aggettivo, e avevo pensato di chiedere cosa voleva dire. A questo punto, mi fido più del direttore che di Straphalkion. Quindi *crassa* è giusto e *grassa* sbagliato."

Il tratto a matita che rappresenta la bocca di Temistocle si piega in una smorfia. "Mangiafuoco ha suggerito!" protesta.

"Adesso non si può più nemmeno tossire?" chiede Mangiafuoco alzando le mani e facendo la faccia più innocente del mondo. Poi tossisce di nuovo. "Colpa dell'umidità autunnale... Comunque: Martina è stata bravissima a fare tesoro delle grandi opportunità di educazione linguistica offerte da un luogo che qui qualcuno vorrebbe chiudere. E a proposito dell'aggettivo *crasso*: in latino *crassus* voleva dire 'grosso', 'grasso', e in italiano ormai si usa o per indicare una parte dell'intestino, l'intestino crasso appunto, o nell'espressione 'ignoranza **crassa**', cioè 'grossolana'. Ignoranza *grassa* è uno strafalcione da ignoranti; ho ragione o no, Straphalkion?"

Il mostro di lamiera manda qualche cigolio stizzito, poi spara altri fogli.

Non aspetta a me
dire chi ha ragione.

"Qui è sbagliato il verbo, è chiaro," dice Alina. "Si deve usare **spettare**, non *aspettare*: 'Non *spetta* a me'. *Aspettare* significa 'mettersi in attesa', mentre *spettare* 'toccare a', 'essere compito di' e così via."

"Giusto, Alina!" dice Mangiafuoco applaudendo. "I due verbi sono parenti stretti, ma non vogliono dire la stessa cosa e i loro usi sono diversi."

Le vibrazioni sempre più violente della lamiera indicano che la furia di Straphalkion sta aumentando.

Gente che in classe non spiaccica una parola viene qui a fare lezione a noi.

"Ah, Straph, anch'io ho fatto il tuo stesso errore," dice ridendo Leo. "Poi il professor Mangiafuoco mi ha corretto e mi ha obbligato a controllare sul dizionario. Non si dice 'non *spiaccica* una parola', come se uno passasse sopra le parole con il rullo di un'asfaltatrice. Il verbo giusto è **spiccicare**: 'Non **spiccica** una parola'. *Spiccicare* è il contrario di *appiccicare*, quindi vuol dire 'staccare', 'separare', nel caso delle parole 'articolare'."

Ah, vedo che siete molto afferrati in materia.

"Be', tutto merito del vocabolario," dice Leo. "Contiene un sacco di cose interessanti."

"Comunque non si dice '*afferrati* in materia'," interviene Martina. "Si dice **ferrati**, immagino perché se una cosa è 'ferrata' vuol dire che è stata ben rinforzata e lo stesso vale per uno che conosce bene un argomento."

"Grande Martina!" grida Mangiafuoco mentre il pubblico esplode in un applauso. "E con questa siamo quattro a zero."

Dalle lamiere di Straphalkion provengono rumori sordi, come di ingranaggi che si incastrano, e si sente una leggera puzza di bruciato. Un fumo nero esce dal tronco e la stampante si arresta di botto.

Tocca a Temistocle trascinare il mostro sconfitto lontano dal centro del palco.

15. L'ULTIMO DUELLO

Ormai manca solo il Temibile Temistocle.

"Finora abbiamo scherzato," dice infatti il gigantesco foglio protocollo mettendosi di fronte a Leo, Martina, Giulia e Alina. "Questi erano solo assaggi, per farvi credere che bastasse sapere un po' la grammatica e correggere qualche piccola improprietà per vincere la sfida. Adesso però si fa sul serio. Sapete scrivere meglio di me?"

Temistocle sfodera la sua penna stilografica grande come una pompa da bicicletta. Poi si rivolge a Mangiafuoco. "È possibile avere una tastiera e uno schermo gigante dove tutti potranno leggere ciò che produrranno i miei indegni sfidanti?"

Mangiafuoco si alza, apre uno sportello ai piedi del palco, pigia alcuni tasti di un pannello di controllo e dal basso spuntano un podio con un tablet e un grande schermo che fa da quinta del palco.

"Allora," continua Temistocle, "sul mio foglio protocollo compariranno alcune mie magnifiche frasi, un vero modello per la scrittura a scuola. I ragazzi dovranno provare a fare di meglio, e non sarà per niente facile."

La stilografica rotea in fondo al braccio sottile del mostro e sul foglio si legge:

Nella situazione odierna si verifica un eccessivo utilizzo dei moderni strumenti tecnologici, che, ingenerando il fenomeno dell'impossibilità di concepire un'esistenza priva di detti strumenti, costituisce un serio elemento di criticità.

"Se questo vuol dire scrivere bene, io non scriverò mai bene," dice Leo alzando gli occhi al cielo.

"E per fortuna!" esclama Mangiafuoco. "Infatti non dovete credere al Temibile Temistocle. Scrivere bene non vuol dire usare una lingua complicata e oscura. Provate a dire le stesse cose con parole chiare e semplici."

"Il problema è capire il significato di questo sproloquio," dice Martina.

"Calma," interviene la professoressa Tormenta. "Leggete con calma, senza farvi spaventare dai paroloni. E poi ricordate che, come ho sempre detto a scuola, scrivere bene vuol dire prima di tutto essere chiari per farsi capire. Contrariamente a quello che pensa Temistocle."

"Basta suggerire!" dice il foglio protocollo.

"Non stiamo suggerendo," risponde secco Mangiafuoco. "Stiamo solo spazzando via il fumo ne-

gli occhi che, scorrettamente, stai mandando in giro tu!"

"Allora," comincia Giulia, "l'inizio vuol dire che oggi si usano troppo cellulari e computer, giusto?"

"Giusto," conferma la Tormenta. "Ed è molto meglio dirlo così, invece di usare un verbo vuoto come *verificarsi* seguito da un sostantivo astratto come *utilizzo*."

"E alla fine, 'un serio elemento di criticità' vorrà dire che è un problema grosso, no?"

"Già: poi dovete decidere come dirlo nel modo migliore, visto che si tratta di un tema."

"Però il problema più grosso è capire la parte in mezzo," dice Alina. "È incomprensibile."

"Per forza," dice Mangiafuoco. "Temistocle impiega una catena di sostantivi astratti, per esempio *fenomeno*, anche di significato negativo, come *impossibilità*. Provate a tradurlo in italiano, un po' alla volta."

"Potrebbe essere: non riusciamo a fare a meno dei cellulari?" dice Leo.

"Siamo dipendenti da cellulari e computer?" propone Martina.

"Benissimo! Adesso riscrivete tutto con una lingua più semplice e chiara," dice Mangiafuoco. "E mi raccomando, non usate una sintassi complicata: via quel gerundio, *ingenerando*. Brrr."

I ragazzi si consultano, battono sulla tastiera del tablet, correggono e alla fine il testo diventa:

Usiamo troppo cellulari e computer: finiamo per pensare di non poterne fare a meno, e questo può diventare un problema.

"Ma potremmo anche dire così," aggiunge Martina. Digita sul tablet e la frase si accorcia ancora:

La dipendenza da cellulari e computer può essere pericolosa.

"Bravissimi," dice Mangiafuoco.

"Vanno bene tutte e due le frasi," conferma la prof Tormenta. "Ognuno può scegliere la più adatta al suo discorso."

Gli angoli della bocca del Temibile Temistocle si piegano verso il basso in un'espressione schifata. "Davvero qualcuno preferisce una lingua così piatta e povera?"

"Per carità, Temistocle," ribatte Mangiafuoco. "Una lingua precisa e comprensibile è sempre meglio di una sequenza di paroloni oscuri."

"Io preferisco il mio stile solenne." La stilografica riprende a gracchiare sul foglio protocollo.

Non è improbabile che nel recarci in talune località che presentino elementi di interesse storico, culturale o ambientale, o nell'entrare in rapporto diretto con personalità rilevanti della nostra sfera familiare o amicale, in luogo di relazionarci con essi prediligiamo effettuare un continuo controllo delle notifiche sul nostro cellulare.

"Uno che scrive così con me la sufficienza non la prenderebbe," mormora la professoressa Tormenta.

"Ragazzi, mi raccomando, cercate di evitare un altro verbo vuoto c falso come *effettuare*," supplica Mangiafuoco.

"Perché scrivere *effettuare un controllo* se esiste il verbo *controllare*?" dice Leo scuotendo la testa.

"E le 'personalità rilevanti della nostra sfera familiare o amicale' sono i parenti e gli amici?" chiede Alina.

"Direi proprio di sì," conferma la professoressa Tormenta.

"E perché non ha scritto 'amici e parenti'?"

"Chiedetelo a lui!" quasi grida Mangiafuoco. "Il Temibile Temistocle vuole farvi credere che quando si scrive un tema bisogna usare lunghi e complicati giri di parole, ma non è affatto vero, anzi..."

I ragazzi si radunano di nuovo attorno al tablet e alla fine la loro riscrittura è:

Spesso, invece di osservare le bellezze del mondo intorno a noi o di dedicare la nostra attenzione ai parenti e agli amici con cui ci troviamo, passiamo il tempo a controllare le notifiche sul cellulare.

"Ragazzi, sono orgogliosa di voi," dice la prof Tormenta. "Avete anche evitato un altro verbo molto pesante come *relazionarsi*. Bravi!"

Il Temibile Temistocle non è d'accordo. Scarabocchia in tutta fretta un nuovo brano.

L'incremento della comunicazione scritta a discapito di quella vocale ha evidenziato una nuova problematica, relativa all'eventualità che successivamente possiamo rammaricarci di aver arrecato offesa a qualcuno per aver espresso giudizi non abbastanza meditati e prodotti da uno stato di irritazione.

"Questo pezzo è terribile! Non ce la faremo mai a metterlo a posto," sussurra Giulia.

"Che cosa vuol dire qui *problematica*?" chiede Leo.

"Ma non vuol dire niente!" sbotta Mangiafuoco. "È un'altra parola vuota: sarebbe l'insieme dei problemi relativi a un argomento, ma è una parola usata di solito solo per darsi un tono."

"Ma 'l'incremento della comunicazione scritta a discapito di quella vocale' vuol dire che oggi scriviamo spesso commenti, messaggi nelle chat eccetera?" chiede Martina a Mangiafuoco.

"Immagino di sì. *Incremento* è un'altra parola difficile che sta per 'aumento', 'crescita'. Quanto al concetto, i latini dicevano *verba volant, scripta manent*: le parole volano, le cose scritte restano..."

"E *rammaricarsi* è lo stesso di *pentirsi*?"

"Sì, più o meno sì."

Dopo la solita consultazione, sullo schermo gigante compare la proposta dei ragazzi:

È opportuno pensarci due volte prima di scrivere insulti a qualcuno con cui siamo infuriati: in seguito, a mente fredda, potremmo pentirci di averlo ferito.

"Non si poteva dire meglio, vero, cari mostri?" dice Mangiafuoco fregandosi le mani. Ma ormai è Temistocle a essere infuriato: la stilografica schizza macchie d'inchiostro sul foglio protocollo tutto spiegazzato.

Pur non auspicando l'abolizione del cellulare, è tuttavia opportuno ribadire l'opportunità della moderazione nella sua utilizzazione.

"Quante parole in *-zione* una dopo l'altra," dice la prof Tormenta. "Davvero poco orecchio per la lingua, il Temibile Temistocle..."

"*Auspicare* vuol dire 'augurarsi', vero?" domanda Alina.

"Già," dice Mangiafuoco.

Stavolta i ragazzi scrivono subito la nuova frase.

Nessuno pretende di far sparire i cellulari dalla faccia della terra: basta non esagerare.

Nel Grande Anfiteatro tutti trattengono il respiro. Anche Temistocle sembra paralizzato. Poi viene attraversato da una specie di scarica elettrica: tremando, afferra la stilografica con entrambi i bracci meccanici e la spezza in due, gettandola per terra.

"Abbiamo vinto!" gridano i ragazzi sul palco.

"Grammaland è salva!" dice Mangiafuoco scattando in piedi e dando il cinque alla professoressa Tormenta.

Senza dire una parola, il Temibile Temistocle, Smarfonio e, a fatica, Straphalkion scendono dal palco ed escono dal Grande Anfiteatro, seguiti dalla mano che ben presto si accomoda sull'hoverboard di Smarfonio.

Sulle gradinate, i ragazzi applaudono e si abbracciano.

16. CHI L'AVREBBE MAI DETTO?

In attesa dell'autobus che, nel pomeriggio, li riporterà a casa, i ragazzi si disperdono tra le sale comuni e i viali di Grammaland.

"Combattere con i mostri è stato emozionante," dice Alina, "ma alla fine non abbiamo visto quasi niente."

"Chissà, forse qualche attrazione è aperta e ci fanno entrare," dice speranzosa Giulia.

"L'Ottovolante dell'Apostrofo no di sicuro, purtroppo," sospira Marco mentre i ragazzi passano accanto alla grandc struttura, circondata dal nastro bianco e rosso dopo i danni causati dalla scorribanda di Smarfonio. "Qui sì che mi sarei divertito!"

"Guardate!" dice Martina indicando una specie di foresta circondata da una cancellata. "È la Giungla della I." La porta però è chiusa e non si vede in giro nessun animatore. Lo stesso vale per il Villaggio del West in cui, secondo il dépliant di Grammaland, si gioca al Lancio delle Doppie. C'è uno spiazzo con pali in legno su cui dovrebbero essere montati dei cartelli, ma le casse dove probabilmente si trovano le parole da completare e le lettere da lanciare sono chiuse. Non si vede anima viva. Il saloon è aperto ma deserto, e dopo aver girovagato tra il bancone e i tavoli, e osservato i buchi di pallottole sulle pareti di legno, i ragazzi tornano su uno dei viali principali di Grammaland.

"Sembra una città fantasma," commenta Martina, "si vede che gli animatori se ne sono andati proprio tutti."

"Come Congiuntivik," dice Leo indicando il Tunnel degli Orrori con porte e finestre sbarrate.

La strada ha raggiunto uno dei confini di Grammaland: termina davanti a un'enorme struttura d'acciaio a forma di ciambella che circonda l'intero parco.

"E questo cos'è?" chiede Marco.

"Guarda, c'è scritto lì: è l'Acceleratore delle Particelle," spiega Giulia. "Qui, secondo il dépliant, si sale su un velocissimo treno monorotaia e bisogna evitare di farsi colpire dalle particelle *ci*, *ce*, *ne*, *si*, *se* eccetera."

"Bello, mi piace, entriamo," dice Marco.

"Ma è chiuso anche qui."

"No, lì è aperto." Accanto all'ingresso dell'Acceleratore, infatti, c'è un portone scorrevole di metallo, alto quattro o cinque metri, che non è completamente chiuso: lascia uno spiraglio di una cinquantina di centimetri, da cui si può passare senza difficoltà.

"Magari è l'ingresso per lo staff. Entro a vedere."

"È inutile," dice Giulia. "Bene che vada ci saranno i gabinetti dello staff."

Dopo una quindicina di secondi, Marco esce di corsa, si appiattisce contro il portone scorrevole, mette l'indice davanti al naso e alla bocca per fare cenno di stare zitti e dice, sottovoce, in un soffio: "Zitti! Toglietevi di lì! Qui dentro...".

"Su, Marco, non fare lo stupido," dice Giulia alzando gli occhi al cielo. "Chi hai visto lì dentro, il mostro di Loch Ness?"

"Zitta!" sussurra Marco. "Non il mostro: i mostri!"

"Scusa?" chiede Leo.

"Venite a vedere. Ma piegatevi e non fate rumore."

I ragazzi entrano in quello che sembra un enorme magazzino. Quando i loro occhi si abituano alla penombra, notano una parete, a una decina di metri dall'entrata, che divide in due il capannone. La raggiungono e Marco si sporge appena oltre lo stipite della porta, facendo cenno agli altri di imitarlo. Solo allora li vedono: i tre grandi mostri che hanno fatto di tutto per distruggere Grammaland, Smarfonio, Straphalkion e il Temibile Temistocle, appoggiati contro la parete di fondo.

In punta di piedi, i ragazzi tornano all'aperto, si mettono a correre e si fermano solo fuori dal Tunnel degli Orrori di Congiuntivik.

"I mostri non se ne sono andati!"

"Si sono nascosti nel capannone per colpire di nuovo!"

"Dobbiamo avvertire il professor Mangiafuoco!"

"Sarà nel suo studio: andiamo subito lì!"

Ripartono di corsa, percorrendo in senso inverso la strada già fatta. In una curva secca accanto al saloon del Villaggio del West dove si gioca al Lancio delle Doppie, qualcuno da dietro inciampa su un piede di Martina, che perde una scarpa e deve fermarsi.

"Andate avanti, vi raggiungo subito," dice Martina, che torna indietro di qualche passo e raccoglie la

scarpa da terra. Mentre è seduta sui gradini della veranda a cercare di sciogliere i lacci, si accorge che c'è qualcuno dentro il saloon: un uomo e una donna, a giudicare dalle voci.

"Sono in debito con te, Allegra."

"Perché, Furio?"

"Senza di te, i nostri cari Smarfonio, Straphalkion e Temistocle non sarebbero mai nati."

Martina, che stava per chiamare Mangiafuoco dopo aver riconosciuto la sua voce, si immobilizza. I "nostri cari Smarfonio" e compagnia bella? In che senso? E cosa c'entra la Tormenta?

"Ma io ho solo detto che forse era il caso di introdurre qualche novità, qui a Grammaland, e che i ragazzi imparano molto quando si trovano a correggere gli errori altrui."

"Infatti i ragazzi si sono impegnati moltissimo e credo che si siano anche divertiti a combattere contro i nostri mostri."

Ancora: "i nostri mostri", e detto con affetto... Quindi, pensa Martina, quella di Grammaland sotto attacco, del terrore, dei nemici misteriosi era tutta una messinscena di Mangiafuoco in combutta con la Tormenta?

"A proposito," continua Mangiafuoco, "complimenti, hai degli alunni davvero brillanti. Merito della loro professoressa!"

"Ma no, sono arrivata da poco, cosa vuoi che abbia potuto insegnare..."

"Ecco, di te, fin dal principio, mi è piaciuta la modestia. Oltre all'uso impeccabile del congiuntivo, naturalmente."

"Furio, tu mi adùli..."

"Ma sentila! **Adùli**, con l'accento sulla U. Tutti ormai dicono *àduli*. Tu... tu sei diversa... Nessuna è come te! Allegra, ho finalmente trovato il coraggio di chiedertelo: vuoi sposarmi?"

Martina non sa cosa fare. Era sul punto di saltare su e protestare per l'inganno e gli spaventi degli ultimi giorni, e si ritrova ad ascoltare una dichiarazione d'amore!

"Oh, Furio! E questo cos'è?"

"Un anello. So che non è degno di una Tormenta di Tempesta e Bufera..."

"Oh, Furio..."

Martina scatta come una molla. È in piedi, davanti alla finestra, a gridare alla sua professoressa: "Ma quindi è vero che il suo cognome completo è Tormenta di Tempesta e Bufera!".

Mangiafuoco e la Tormenta, seduti al bancone, stretti in un abbraccio, si voltano di scatto verso di lei.

"Oh, scusate..." comincia Martina, imbarazzatissima. "Mi... mi dispiace di... essermi intromessa... Ma questa faccenda

del cognome: ero convinta che fosse uno scherzo..."

"Be', no, non è uno scherzo," risponde la professoressa. "Appartengo davvero alla famiglia dei principi di Tempesta e Bufera, ma il mio è un ramo laterale, piuttosto decaduto... Non è il caso di ricamarci sopra. E quest'anello, Furio," dice voltandosi verso Mangiafuoco, "è bellissimo!"

"Quindi è un sì?" sussurra Mangiafuoco.

"Avevi dubbi?" risponde la prof con un sorriso radioso.

"Ah... ehm... congratulazioni..." balbetta Martina. "Ma, se permettete, dovete spiegarmi per bene la faccenda dei mostri: sono una vostra trovata?"

In quel momento, dalla strada si sente chiamare: "Professor Mangiafuoco! Professor Mangiafuoco!". Sono Leo, Giulia, Alina, Marco e Michi che, dopo aver trovato vuoto lo studio di Mangiafuoco, si sono messi a cercarlo per Grammaland. Martina si sbraccia per richiamare la loro attenzione e grida: "Venite! È qui!".

Dopo qualche secondo, è Marco il primo ad arrivare. "Martina, gliel'hai già detto? Professore, i mostri, tutti, Smarfonio, Straphalkion, Temistocle e probabilmente anche la mano-Graffitonzo: sono ancora qui! Si sono nascosti nel capannone vicino all'entrata dell'Acceleratore delle Particelle! Di sicuro aspettano il momento giusto per fare altri danni!"

"Calma, calma, ragazzi," comincia Mangiafuoco. "Come ha scoperto per caso Martina, le cose non sono come sembrano. Su, venite con me: tanto alla fine ve l'avrei detto lo stesso."

Mangiafuoco prende per mano la professoressa Tormenta e va a passo deciso verso il suo studio, seguito dai sei ragazzi, da quelli che incontrano lungo la strada e dai maestri Grancassa e Tuttifrutti. Una volta lì, invece di svoltare a destra nel salone dove si erano rifugiati tutti durante l'attacco dei mostri, Mangiafuoco prende una scala sulla sinistra, e dopo due rampe bussa a una porta con la scritta PRIVATO e fa strada agli altri, finché non entra anche lui.

La stanza è piena di monitor, computer, grandi schermi alle pareti, microfoni, quadri di comando, joystick, cursori. Molti schermi sono spenti, mentre altri mostrano alcuni scorci di Grammaland, come se fossero collegati a videocamere di sorveglianza. Alle varie postazioni, i ragazzi riconoscono Congiuntivik, Dante, il direttore

d'orchestra, l'astronauta, il bagnino, Tacalahaka e altri animatori o forse tecnici, uomini e donne, mai visti prima.

"Benvenuti nel Centro di Controllo Missione Mostri. Da qui gli abilissimi animatori di Grammaland hanno guidato chi i movimenti, chi le parole, chi le scritte di Smarfonio, Straphalkion, Temistocle e mano-Graffitonzo, naturalmente insieme ai computer e all'intelligenza artificiale, indispensabili a questi livelli di raffinatezza tecnologica."

A parte Martina, i ragazzi non riescono ancora a rendersi conto di quello che è successo.

"Quindi i mostri fanno parte di Grammaland, sono una sua invenzione?" chiede Giulia.

"Il merito è di Allegra," risponde Mangiafuoco illuminandosi. "Della professoressa Tormenta, voglio dirc. Quasi un anno fa ha visitato Grammaland e con le sue osservazioni mi ha suggerito l'idea. Quando è stato il momento di sperimentarla, dovevo coinvolgere la sua classe."

"Ma anche i nostri maestri lo sapevano?" chiede Alina.

"Sì, certo," risponde la maestra Tuttifrutti. "Se avessimo pensato che quelle creature fossero una vera minaccia, vi avremmo trascinati via con la forza..."

“Ma era necessario? Non bastavano tutte le attrazioni di Grammaland, anche quelle nuove?”

“Io mi annoio a fare sempre le stesse cose,” sbuffa Mangiafuoco. “Volevo provare il brivido della novità e dell’imprevisto. E poi, secondo me, dal punto di vista didattico la lotta con i mostri è estremamente efficace. La riproporrò a tutte le altre scolaresche in arrivo. Perciò mi raccomando: non andate in giro a spiattellare tutto. Deve rimanere un segreto fra noi.”

Leo non sembra ancora convinto. “Ma tutti i danni, tutte le distruzioni? Finto anche quello?”

“Be’, un po’ di trucchi ed effetti speciali li abbiamo usati. Un po’ di strutture erano di cartongesso: poca spesa per costruirle e per abbatterle. Quanto al resto, alcune attrazioni, come l’Ottovolante dell’Apostrofo, dovevano essere rifatte per ragioni di sicurezza. Tanto valeva movimentare un po’ la demolizione...”

Martina è ancora pensierosa. “Cosa c’è, Martina? Qualcosa non ti torna?” chiede Mangiafuoco.

“Avrei ancora una domanda. Perché sul graffito, l’altra mattina, Graffitonzo ha scritto il mio nome?”

Mangiafuoco scoppia a ridere. “Guarda, avevo pensato che fosse utile chiamare in causa uno dei ragazzi in visita a Grammaland. Quindi ho chiesto ad Allegra... alla professoressa Tormenta di scegliere un alunno o un'alunna. Lei ha rifiutato, perché non voleva far torto a nessuno, e allora abbiamo tirato a sorte. Ed è uscito il tuo nome, Martina..."

Mangiafuoco fa una pausa. "E adesso, se permettete, vorrei annunciare ufficialmente il mio fidanzamento con la donna della mia vita: Allegra Tormenta di Tempesta e Bufera!"

INDICE ANALITICO

Per finire

(senza lasciare niente in sospeso)

Nel campo da rugby, l'arrivo improvviso di Smarfonio impedisce ai ragazzi di completare le quattro frasi finali sulle parole con o senza H. Se non siete riusciti a trovare tutte le soluzioni, vi tornerà utile sapere che le parole senza H comprendono due aggettivi non elogiativi come *sciocco* e *scema* e due voci dei verbi *sciare* e *bruciare*. Basta sistemarle come si deve, aggiungere le H per creare le giuste coppie di parole, e il gioco è fatto.

INDICE